家　教

李旭影 ◎ 编著

台海出版社

图书在版编目（CIP）数据

家教 / 李旭影编著 . -- 北京：台海出版社，2024.
9. -- ISBN 978-7-5168-3967-6

Ⅰ . G78

中国国家版本馆 CIP 数据核字第 2024GA9755 号

家教

编　　著：李旭影

责任编辑：姚红梅　　　　　　　　　封面设计：舒园设计工作室
策划编辑：兮夜忆安

出版发行：台海出版社
地　　址：北京市东城区景山东街 20 号　　邮政编码：100009
电　　话：010-64041652（发行，邮购）
传　　真：010-84045799（总编室）
网　　址：www.taimeng.org.cn/thcbs/default.htm
E－mail：thcbs@126.com

经　　销：全国各地新华书店
印　　刷：天津海德伟业印务有限公司
本书如有破损、缺页、装订错误，请与本社联系调换

开　　本：640毫米×910毫米　　　　1/16
字　　数：98千字　　　　　　　　　印　　张：10
版　　次：2024年9月第1版　　　　　印　　次：2024年9月第1次印刷
书　　号：ISBN 978-7-5168-3967-6

定　　价：49.80 元

　　给孩子万贯家财，不如给其良好家教。

　　"家教"不仅能让孩子受用一生，还能让家族受用千百年。古代的世族大家里能人辈出、绵延不绝，核心原因就是有良好的家教。虽然各家的家教在形式上有所不同，但所传递的都是一个家族或家庭的道德准则、行为规范和价值取向。良好的家教是一个家族或家庭必不可少的精神文化，代表着一个家族或家庭的"三观"，同时也塑造着孩子的"三观"，是孩子成长成才的指路明灯。

　　家庭是孩子的第一所学校，父母是孩子最早的教师，更是孩子走过泥泞、走过荆棘、走过高山、走向成功的领路人。想要做好领路人，悉心地培养孩子，引导孩子走向成功，离不开优秀的家教。当然，家教有法但无定法。现代社会对人的素质提出了越来越高的要求，不仅要有健康的身体、广博的知识和优秀的智能，还要有良好的人格、个性、品质和社会适应性。

俗话说：孩子是父母生命的延续，有什么样的父母就会有什么样的孩子。教育孩子是父母一生的事业，如果你也想成为成功的父母，培养出优秀的孩子，就要多向成功的父母借鉴经验，学习他们的家教，然后从家庭生活的点滴之中挖掘孩子的天赋，修正孩子的品行，磨炼孩子的意志，培养孩子的习惯。通过科学引导，让孩子的未来可以有所建树，成为一个对社会有价值的人。

他山之石，可以攻玉。本书选取古今中外一些名人的教子故事，通过解读这些故事，展示那些曾经叱咤风云、推动着历史向前的重要人物都是如何教育子女的。小而言之，这些故事与心得是家族的宝贵财富；大而言之，则是全人类的宝贵财富。

法国教育家爱尔维修曾说："即使很普通的孩子，只要教育得法，也会成为不平凡的人。"相信你的孩子在你的悉心教育下，能成为一个不平凡的人。

目 录

第七章　培养孩子的抗挫能力

1

唤醒孩子
身上的爱

古话说："爱人者，人恒爱之；敬人者，人恒敬之。"爱是相互的，只有对他人付出爱，才会得到他人的爱。作为家长，如果在孩子小的时候就深谙此道理，并给予孩子正确的爱心教育和培养，等孩子长大以后，自然就懂得用自己的爱心去赢得他人乃至全社会的爱。这样的孩子，将会生活得更幸福、美满。可以说，爱心教育，是家长给予孩子最珍贵的礼物。

时刻保持一颗童心

——丰子恺的家教秘诀

丰子恺是我国著名的画家、散文家、文学家和翻译家，但他更为人所称道的，是对子女的爱与教育。

丰子恺有七个子女，每个都很有出息。别看丰子恺的孩子个个出色，但在孩子小时候，丰子恺对他们的培养却十分宽松。

丰子恺认为，童年是人的一生当中的黄金时期，孩子就应该尽情地享受自己的童年。所以，他极力反对在童年时给孩子教授太多的知识，把孩子培养成一个"小大人"。

平时，丰子恺经常说外出做事很"无聊"，如果没有很重要的事，他就留在家里陪伴孩子。抱着孩子哄玩、喂孩子吃饭、给孩子哼小曲、画一些有趣的画逗孩子笑……总之，和孩子特别亲近，孩子也喜欢跟父亲在一起玩耍。

丰子恺有一张工作用的桌子，上面有稿纸、笔砚、墨水瓶、茶壶等，都按照一定的顺序摆放得整整齐齐，丰子恺最不喜欢别人移动自己的这些物品。

然而，孩子一爬到桌子上，就会把这些摆放整齐的物品弄得一团槽，"破坏我桌子上的构图，损坏我的器物"。他们还经常拿着自来水笔挥动，把桌子和衣服上洒得到处都是墨水点；还把笔尖插到糨糊瓶里，将一瓶糨糊搞得黑乎乎的……

　　丰子恺面对这乱槽糟的场面不生气吗？那自然是生气的，"当时实在使我不耐烦，我不免会哼喝他们，夺脱他们手里的东西，甚至批他们的小颊。"但很快他就意识到这样是不对的，所以"哼喝之后立即继之以笑，夺了之后立刻加倍奉还，批颊的手在中途软却，终于变批为抚"。

丰子恺是个童心炽热、天真烂漫的人，即使生活艰苦，也常常带着孩子苦中作乐。而且，他很能设身处地地去了解孩子，因为他自己就像一个"大小孩"。他的漫画，很多也都取材于孩子的日常。

有一次，丰子恺的大儿子瞻瞻要去车站附近买香蕉，并且还要"多多益善地买香蕉"。父子俩买完后，瞻瞻手里抱着香蕉，丰子恺抱着瞻瞻往家走。结果到家时，瞻瞻已经趴在父亲的肩膀上睡着了，而原本抱在手里的香蕉却早已不知去向。

后来，关于这件事，他写道："这是何等可佩服的直率、自然与热情！大人间的所谓'沉默''含蓄''深刻'的美德，比起你来，全是不自然的、病的、伪的！"

家教心得

在教育孩子的过程中，父母能否保持一颗童心是十分重要的。只有童心未泯，才能抛开"成人""父母"等身份，更好地站在孩子的角度去爱孩子、理解孩子，用孩子最喜欢的方式与其相处。这样的亲子关系，一定不会太坏！

然而，对于大多数的父母来说，童心已经是很遥远的事情了。繁重的工作、生活的压力，早已让我们远离了童心，所以当我们看到孩子因为好奇弄坏了东西时，因为玩水、玩泥巴弄脏了衣服时，首先不会想到孩子在玩这些游戏时有多开心，而是站在大人的角度，开口便训斥孩子搞破坏、不讲卫生、破坏物品、弄脏衣服和鞋子！而对于孩子来说，原本是满怀期待地想要与父母分享自己的快乐，不想却被浇了一头冷水，内心的失望和委屈可想而知！

事实上，教育的失败太多是因为缺乏童心，总是用成年人的眼光去看待孩子、要求孩子，希望孩子听话、懂事，规规矩矩，最好能像个"小大人"一样。但孩子有他们自己的思维和想法，他们对任何事物都充满好奇、充满幻想，这些其实都是非常可贵的品质。而父母强行的压制，却让孩子过早地失去了童真。这种脱离年龄特点的教育，也很容易造成父母与孩子之间的隔阂，导致亲子关系的不和谐。

所以，在某些程度上，我们教育孩子时不妨学习丰子恺，尽可能地让自己保持一些童心童趣，学着用孩子的眼光去看待事物，也许就会发现，原来教育也不是一件多难的事。

（1）放下父母的"架子"

在传统的中国家庭中，主要实施的都是以父母为中心的教育方式。父母高高在上，在孩子面前永远都保持着威严，动不动就对孩子颐指气使，"不许这样""不能那样"，甚至为保证父母的权威，对孩子实施一些家庭暴力。结果，孩子要么变得胆小怕事、循规蹈矩，要么变得极其叛逆。

虽然现在越来越多的父母也意识到"棍棒之下出孝子"的做法不恰当，还是应多跟孩子沟通交流，但大多时候仍然放不下自己的"架子"，难以与孩子平等相处，总觉得孩子还小，什么都不懂，就应该听父母的话，按照父母的意愿和要求成长。

父母爱孩子的心情可以理解，但同时也要明白：孩子是一个与我们平等的独立个体，拥有自己独立的思想。哪怕有时他的想法是幼稚的，甚至是可笑的，也同样值得尊重。如果是对的，父母更应该及时给予肯定和鼓励。这样，孩子才能从父母那里感受到真正的爱、平等和尊重，也更愿意与父母进行交流沟通。

（2）"将心比心"，理解孩子的想法

丰子恺应该是十分懂得孩子的心理的，因此在与孩子相处时，才会像一个"老小孩"一样，和他们一起游戏，想方设法地逗他们开心。

其实孩子的要求很简单，就是希望凡事能够获得父母的回应和认可。如果你不了解孩子的这种心理，哪怕你是真的为孩子好，也不见得能起到好的教育效果。

比如，下雪天时，孩子想跟小伙伴出去堆雪人、打雪仗，而你怕孩子感冒着凉，不许他出门："外面天气太冷了，出去玩会感冒的！再说了，那几个孩子都比你大，万一欺负你怎么办？"

很多父母可能都曾这样做过吧？那么孩子领情了吗？未必！不仅不领情，孩子可能还会非常失望、难过，甚至因此而哭闹不已。

家里的这一方小小天地虽然暖和，可怎么能比和小伙伴一起打雪仗更有趣呢？

每个孩子在思想、情感等方面都有一个独特的世界，谁能真正地理解孩子的内心世界，谁就能赢得孩子的心，取得教育的主动权；反之，就可能令孩子越来越叛逆，教育起来也越来越难。

（3）参与到孩子的游戏当中

和孩子一起做游戏，参与到孩子的活动当中，是保持童心最好的方法。有些父母宁可花很多钱给孩子买一大堆的玩具，也不愿陪孩子玩一些简单的游戏。事实上，相对于那些昂贵的玩具，孩子更喜欢父母陪自己玩，因为这样会让孩子感受到来自父母的关注和爱意。所以你会发现，即使是一些很枯燥、无聊的游戏，只要有父母的陪伴和参与，孩子也会玩得特别开心。

不过，孩子也是十分敏感的，如果你在陪孩子玩时，一会儿看看手机，一会儿刷刷微博，孩子就会感受到你的敷衍，这会让孩子内心很失落，甚至觉得自己是不重要的，不然爸爸妈妈为什么一直看手机而不能专心地陪自己玩呢？

所以，在参与孩子的游戏或其他活动时，一定要和孩子一样专心、投入。这样不但能让孩子感受到来自父母的疼爱和关注，还可能会让孩子向父母倾诉一些自己的心里话。这些心里话，可能是平时你想问都问不出来的。

学会体察孩子的心灵

——陈景润的家教观

著名数学家陈景润有一个儿子，名叫陈由伟。当初给儿子取名为"伟"，就是希望孩子以后对人类能有伟大的贡献，可见陈景润对儿子寄予了厚望。

陈景润认为，孩子有个性，才能成为天才，那些文学家、政治家、科学家、艺术家都是靠着个性的发展才最终取得成功的。因此，陈景润在教育孩子时，非常注重民主和自由，希望孩子能够在一种自由自在的环境下成长，使孩子的思维更具个性。

陈由伟很喜欢搞各种研究，每次拿到新玩具时，都会好奇地把玩具一个零件一个零件地拆卸开，坐在一旁捣鼓。母亲见儿子把玩具拆得七零八落，很是心疼，就责怪孩子"搞破坏"。但陈景润却不这么认为，他说："孩子拆玩具说明他有好奇心，这是好事！做父母的应该支持他才对。"

在这样的家庭环境下，陈由伟从小便很有主见。上小学后，只要一放学回来，陈由伟就兴致勃勃地跟父亲谈论一些学校和学习上的事，还经常就一些问题发表一下自己的意见，每次陈景润都认真地听着，有时还给孩子出谋划策。当然，碰到陈由伟不对的地方，他也会耐心地批评、指正。父子二人一直就像一对"忘年好友"一样，彼此信任、彼此尊重。

陈景润认为，教育孩子要因人而异，要能够走进孩子的心里，了解孩子的性格和喜怒哀乐，这样才有利于对孩子进行恰当的教育，更有利于孩子的心理健康。

家教心得

美国教育专家塞勒·赛维诺曾说过，每个人观察、认识问题，都会有其自己的视角和立足点。身份、地位不同，所得出的结论就不同。父母与子女间年龄悬殊、身份各异是影响相互沟通的重要原因。若父母能站在孩子的立场上考虑问题，一切将迎刃而解。

这段话其实也在提醒父母，在教育孩子的问题上，如果父母能换位思考，不用自己的威严压制、苛求孩子，站在孩子的立场上思考问题，学着去体察孩子的心灵，了解孩子真正的心理需求，才能更好地与孩子产生心灵上的共鸣，与孩子形成融洽的亲子关系。

那么，父母在平时教育孩子时，该怎样体察孩子的心灵呢？

（1）遇到问题不要武断地下结论

有些父母会问："怎样才能减少与孩子之间的冲突呢？"其实很简单，只要在遇到问题时，父母不要依靠成人的经验武断地下结论，而是给孩子尝试和表达的机会。要知道，在成长过程中，孩子对周围的一切事物都感到新鲜和好奇，因此，孩子的每一个言行，都意味着他在独立思考、积极探索，孩子的言行也都表达着他的意愿和想法。也正是在这种不断的探索中，孩子才会不断

成长。

所以，即使孩子没有按照父母的意愿去做事，父母也不要武断地认为孩子的行为就是错误的，甚至因此批评、指责孩子。而应该试着站在孩子的角度去考虑问题，理解孩子的想法和需要。当你做到这一点时，你的教育才可能有事半功倍的效果。

（2）多用鼓励和积极的语言

有些父母在跟孩子说话时，动不动就摆出家长的架子，"不准""不行""不许"等命令和权威性的语言挂在嘴边，殊不知，这只会引起孩子的反感，让孩子越来越不愿意与你交流。

不妨回顾一下我们自己的童年，问问自己：如果我小时候遇到类似的困惑、苦恼，我会希望自己的父母怎样对待我？就是说，把当下孩子遇到的问题放回到自己的童年，我们会希望自己的父母如何与我们交流？按照这种思路去思考问题，我们与孩子的沟通可能就会容易多了。我们一定希望自己的父母能好好与我们说话，多说一些鼓励和积极的语言，而不总是命令我们，更不要动不动就用一些禁止性、讥讽性的语言来跟我们交流。

如今我们做了父母，也应该学着去体会孩子的心理，用一些孩子容易接受的正向语言来教导孩子，并时刻注意孩子的反应和态度，调动孩子表达的欲望，这样才容易与孩子形成良好的沟通。

（3）给孩子解释和辩驳的机会

英国教育家赫伯特·斯宾塞曾说过："给孩子诉说的机会，认真倾听孩子的话语。这样，父母才能更多地了解孩子，并对孩子不正确的思想与做法及时进行纠正与引导，使孩子一直走在健康快乐的身心成长之路上。"

所以，不管孩子的一些想法和做法是对是错，我们都不要急着否定或责备、批评孩子，而是先给孩子机会，让孩子为自己解释一下。当孩子说完他的理由后，你认为是正确的，不仅不能批评孩子，还要及时认同和赞赏他。即使孩子的做法是错的，你也要让孩子把话说完，以深入了解孩子的想法，然后再认真、耐心地给孩子做出全面、系统的评价与教导。

有些父母可能会说："让孩子为自己辩解，那不就是给孩子狡辩的机会吗？"

并非如此。辩驳不是狡辩，也不是强词夺理、凭空捏造，而是要孩子说明事情真实的一面，这是每个人都拥有的权利，孩子也有。所以，我们不但要给孩子解释和辩驳的机会，还要让孩子明白：为自己辩驳是自己的一项权利，孩子应该学会行使和维护这项权利。只有当孩子对自己的权利有了正确而深入的认识后，他才会勇敢而坦率地使用自己的权利，未来才能更勇敢地面对人生。

父母的陪伴是最好的教育
——比尔·盖茨的家教守则

比尔·盖茨是美国著名企业家、慈善家，微软公司创始人。

比尔·盖茨有三个孩子，大女儿珍妮弗现在是斯坦福大学的一名高才生，还是一名国家级的马术选手。平时只要有空，她就会泡在马场中训练，因而马术水平十分了得。

孩子这么优秀，自然与作为父亲的比尔·盖茨是分不开的。比尔·盖茨出生在美国一个中产家庭，父亲是西雅图的一名律师，平时十分繁忙。尽管如此，他仍然尽可能地抽出时间回家陪伴孩子，和孩子一起阅读，一起参加学校的活动，还经常跟孩子举行家庭聚会等。这也让盖茨体会到父亲对于一个家庭的重要性，因此在自己当了父亲后，盖茨也极其重视家庭和对子女的陪伴和教育。

与很多富豪家庭喜欢请昂贵的保姆照顾孩子不同，盖茨在很多方面都亲力亲为。比如，他每天很早起床，送孩子上学；晚上只要在家，就会帮孩子复习功课，或给孩子讲故事；而且也像他自己的父亲一样，经常在家里举行家庭聚会……

在父亲比尔·盖茨的悉心陪伴和以身作则的培养下，三个孩子没有半点富家子弟的纨绔之风，相反，他们谦逊有礼、热情开朗、充满爱心，在学校中也深受同学们的喜爱。

在父亲的影响下，大女儿珍妮弗还积极投身慈善事业，经常参加各种慈善活动，希望通过自己的力量帮助到更多的人。

家教心得

父母是孩子最贴心的守护者，也是最佳的教育者，能对孩子的成长和一生的发展产生极为深远的影响。孩子不仅希望父母是家长，更希望父母是朋友、是玩伴，是陪伴他们一起成长、一起游戏、一起进步的知己。

可惜，现在大多数父母都难以做到这一点，他们每天只关心孩子的学习，为孩子报各种培训班，却很少关注孩子的心理和精神需求，结果导致孩子内心匮乏，与父母难以形成良好的亲子关系。

父母的陪伴是了解、塑造、调整孩子行为的最佳方式。在陪伴孩子的过程中，父母可以与孩子建立起亲密的互动关系和稳定的依赖关系，让孩子从中获得安全感，并最终形成爱的能力及良好的性格。因此，在孩子成长的不同阶段，父母应尽可能地用心陪伴孩子成长，努力守护孩子当下的幸福和快乐。

（1）陪伴孩子要用心，而不是用力

有些父母和孩子在一起时，不是玩手机，就是刷剧，陪伴成了敷衍了事，这样的陪伴不是真正的陪伴，只是在逢场作戏。

孩子在父母身边的时间也就那么几年，非常珍贵，所以请父母重视和孩子在一起的美好时光，放下手机、关掉电视，用心陪伴孩子，和孩子一起出去散散步，陪孩子做做游戏，陪孩子聊聊天……在这个过程中，父母也可以了解到孩子的一些想法、心事等，从而更好地与孩子沟通，让亲子关系更加亲密。只要用心投入，孩子就一定能够感受到，也一定会很开心。

（2）陪伴不是监视

一说到陪伴，有的父母可能就会说："我也在陪伴啊！我陪他写作业，陪他去上兴趣班，这不都是陪伴吗？而且我不陪都不行，他根本不好好学！"

这是陪伴吗？不是，这是监视！没有孩子会喜欢"监工"父母，每天时时刻刻都盯着自己，不许这样、不能那样，久而久之，孩子甚至会产生一种压抑感，巴不得父母不要再"陪伴"自己了！

良好的陪伴是一种彼此尊重的关系，父母给予孩子一定的自主权和选择权，和孩子平等地讨论问题，像朋友一样坐下聊聊天，进行一些愉快的亲子游戏、组织家庭聚会等。这个过程既能让孩子感受到父母对他的爱，又能令孩子印象深刻，甚至多年后都记忆犹新。

（3）规定一个家庭日

如今，很多父母都需要外出工作应酬，能够有效陪伴孩子的时间很有限。而现在大部分家庭中的孩子又都是独生子女，没有兄弟姐妹的陪伴，所以很多时候只能等父母下班或休假后，才能跟父母待在一起。然而即便这样，一些父母对孩子的陪伴时间仍然很少，一会儿可能要做家务，一会儿又要接电话，还要处理家中各种大事小情……

为了避免这种无效的陪伴，建议父母专门设定一个"家庭日"，比如选在周末的某一天。在这天，父母和孩子都尽量不安排其他事情，而是一家人一起活动，如外出旅行、一起看电影、一起爬山等。这样不仅能让亲子关系更融洽，还可适时地将教育潜移默化地渗透到孩子的内心，比平时刻意地教育孩子更有效果。

接纳孩子，欣赏孩子

——韩国第一妈妈张炳惠的家教秘籍

　　张炳惠，韩国人，曾获美国匹兹堡大学历史学硕士学位、美国乔治敦大学历史学博士学位。她在美国和日本有着四十多年的教授生涯，并将三个孩子全部送入世界名校，被誉为"韩国第一妈妈"。

　　张炳惠在美国留学期间，结识了自己的先生。不过，在成为张炳惠的先生之前，他已经是三个孩子的父亲了。所以，张炳惠与先生一结婚，就成了这三个孩子的"后妈"。

　　"后妈"可不好当！尤其当时她还只是一个二十多岁的女孩子，对家庭生活和孩子的教育问题一无所知。

　　由于先生的三个孩子从小就失去了母亲，平时先生忙于工作，孩子又经常被托付给别人抚养，所以他们对刚刚诞生的新家庭表现出了极大的不适应。孩子们散漫任性，经常为一点小事大吵大闹，动不动就扭打成一团。对张炳惠也很不礼貌，甚至还给她起难听的外号。

　　不过，倔强的张炳惠并没有打退堂鼓，相反，她很同情这三个从小就失去母亲的孩子，也很理解他们的这些不当行为只是因为没有人好好教导他们。她下定决心，一定要教育好这三个孩子，成为他们的良师益友。

一天，在吃饭前，张炳惠刚刚把碗碟放在桌子上，转身准备去盛饭，结果大女儿爱丽丝和儿子彼得就把碗碟拿起来摔到了地上，地上满是碎片。

张炳惠顿了顿，没有发怒。她知道，孩子这样做就是想激怒她，如果她发火就输了。于是，她看着孩子，问道："你们觉得自己可怜吗？"孩子没想到她会这么问，都惊住了。接着，他们点了点头。张炳惠接着问："那么你们觉得爸爸可怜吗？"大女儿爱丽丝

开口说道："爸爸很可怜，妈妈那么早去世，只留下我们。"张炳惠又问："那我呢？"孩子这才低下头，半天没说话。过了一会儿，还是爱丽丝小声说："你和爸爸结婚后，不但要照顾爸爸，还要照顾我们，你也很可怜！"

听到这，张炳惠搂过孩子，一起哭了起来。"我们都是可怜的人，那可怜的人在一起，就更要珍惜生活，对吗？以后我们要一起努力，变成幸福的人！"

从那以后，孩子对她客气一些了。张炳惠也开始一点一滴地教孩子学习理解和帮助他人。比如，爱丽丝生病了，她就对彼得说："姐姐病了，你可以替她打扫卫生吗？"彼得有点犹豫，因为他还不懂得帮助别人，这时张炳惠就会大声宣布："彼得今天替爱丽丝打扫卫生，爱丽丝你听到了吗？"彼得为了让爱丽丝看到他的表现，就开始认真地打扫起卫生来。爱丽丝看到彼得的表现，很感动，她第一次对弟弟说了"谢谢"。

从这些小事中，孩子不仅学会了互相帮助、彼此关爱，对这位"后妈"也越来越喜爱、越来越尊敬了。

家教心得

一个懂得爱的孩子，才会帮助他人、关爱他人，这也是孩子迈向成熟和成功的第一步。在这个问题上，"韩国第一妈妈"张炳惠做到了。

在与三个孩子一起生活的十几年，张炳惠不仅全身心地爱着他们，还用爱为他们营造了一个温馨安宁的幸福家庭，让孩子幼小的心灵有了依靠。同时，她还注意观察和发现孩子的真正所需，从而走进孩子的内心世界，寻找最有利于孩子的成长途径。在她的努力下，几个原本散漫任性、目中无人的孩子，不仅慢慢学会了互敬互爱、关心他人，最终还全部走进了理想院校，成为对社会有价值的人。

现在，越来越多的父母迷信所谓专业的教育专家、教育学者，认为这些专家、学者提出来的理论和方法就是"教育圣经"。殊不知，没有比父母更专业的教育专家，因为父母才是最懂孩子的人，也只有父母才能找到最适应自己孩子的教育方法。而在所有的教育方法当中，爱与关怀是教育孩子最基本的前提和最根本的原则，一切的教育都应该建立在爱与关怀的基础之上。

（1）接纳孩子的一切，不论是好的还是坏的

爱孩子，以及让孩子学会爱，第一个关键词就是接纳。不管孩子是快乐的还是悲伤的、是美的还是丑的、是聪明的还是愚钝的、是可爱的还是顽皮的，我们都要无条件地接纳。

其实要做到这点并不容易。在孩子很小的时候，我们尚且能够完全接纳，而随着孩子一天天长大，有些父母对孩子的接纳就

变成局部的了。比如，孩子考一百分时，父母很高兴，觉得孩子怎么看怎么好；孩子考试考砸了，父母立刻暴跳如雷，对孩子一通指责批评。这不是真正的接纳，而且这样做，带给孩子的也将是巨大的伤害。孩子会觉得父母爱自己是有条件的，只有自己优秀时，才能获得父母的爱。为此，孩子时刻都会担心失去父母的爱，进而无法建立起自信心和安全感。在这种环境下成长起来的孩子，心里想的往往都是讨好、欺骗，又怎么能懂得去爱别人呢？

真正的接纳，是接纳孩子的一切，不管是好的还是坏的，不管他的学习成绩优秀还是糟糕，也不管他是任性的、顽劣的，还是乖巧的、懂事的，我们都能够接纳。只有这样，我们才不会在孩子表现不好的时候打骂训斥、耿耿于怀，而是仍然给予孩子爱和关心，耐心地引导孩子去认识到自己的错误，并设法去弥补和改变。

如果孩子看到的永远都是父母的笑容，感受到的永远都是父母的爱意，他才会在父母温暖的包容和鼓励当中获得快乐和信心，从而学着改变自己，让自己变得更好。

（2）懂得欣赏孩子的优点，哪怕是微不足道的小优点

爱的第一步是接纳，如果我们能再把接纳进一步转化为欣赏，那就更完美了。

任何一个人都不是完美无缺的，作为孩子，缺点自然很多，而

且不善于掩饰，因此常常让父母忍无可忍。但其实，人都希望获得肯定，这是人性，孩子也不例外，所以，如果你懂得发现和欣赏孩子身上哪怕是微不足道的一些小优点，孩子就可能会回馈给你巨大的惊喜，比如逐渐变得合作、孝顺、更有爱心等。

不过，在欣赏孩子的优点时要注意，一定要把孩子的优点提炼出来，也就是要具体说出孩子在哪件事上体现了这个优点。比如说孩子有爱心，那么你可以把体现孩子有爱心的事情向孩子表达出来："今天你主动帮助弟弟整理房间，还帮他洗了鞋子，妈妈觉得你特别有爱心，给你点个赞！"

孩子都是希望获得父母的认可和表扬的，所以你在这些具体的小事上对孩子的欣赏和表扬，其实是强化了孩子的优点，孩子会很欣喜、很受用，继而表现也会越来越好。

2

尊重与解放
孩子的天性

　　孩子带着与生俱来的好奇心和探索欲来到这个世界，他们的天性中蕴含着无限的可能和创造力。作为家长，我们应当成为孩子成长道路上的引导者和支持者，而不是限制者。通过尊重和解放孩子的天性，我们不仅是在帮助孩子成为更好的自己，更是在为社会的未来培养更多具有创造力和责任感的公民。

兴趣是孩子最好的老师
——梁启超教子有道

　　梁启超被誉为"中国知识分子第一人"，也是中国近代著名的政治家、思想家、史学家、教育家、文学家，可谓近现代历史上一位百科全书式的人物。与此同时，他还是一位感情丰富、严慈相济的父亲。

　　梁启超共有九个子女，个个都是国家的栋梁之材。在《梁启超家书》中，收录了梁启超写给子女的一百多封信。在这些信件中，虽然也有对子女的教育、指导，但更多的是像朋友一样的交流和倾诉。

　　在教导子女的过程中，梁启超十分重视趣味教育。他在《学问之趣味》一文中写道："凡人必常常生活于趣味之中，生活才有价值。若哭丧着脸挨过几十年，那么生命便成为沙漠，要来何用？"

　　为此，他十分尊重孩子的个性和愿望，自己更会用心地观察和掌握每个孩子的特点、爱好等，然后因材施教，做到用"一把钥匙开一把锁"，同时还经常鼓励孩子说："趣味转过新方面，便觉得像换个新生命，如朝旭升天，如新荷出水……我虽不愿你们学我那泛滥无归的短处，但最少也想你们参采我那烂漫向荣的长处。"

1927年8月，梁启超的二女儿梁思庄已在加拿大基尔大学学习一年，之后便需要选学具体的专业了。当时，梁启超考虑到生物学在中国还是空白，就想让二女儿学习生物学。出于对父亲的尊重，思庄选择了生物学。然而思庄内心并不喜欢这门学科，自然也提不起兴趣，这让她十分苦恼，就向大哥思成倾诉了烦恼。

梁启超知道这件事后，很是懊悔。他赶紧写信给思庄，告诉思庄不要因为他的原因选择自己不喜欢的学科，而应选择自己最感兴趣的学科。在父亲的鼓励下，思庄改学了自己最喜欢的图书馆学，最终成为我国著名的图书馆学专家。

对于其他几个子女的教育同样如此，梁启超会为他们提一些建议，但最终还是会尊重孩子自己的兴趣。梁启超认为，兴趣才是最好的老师，所以一定要选择自己真正喜欢、感兴趣的专业去学习，这样才能有所成就。

家教心得

爱因斯坦有句名言："兴趣是最好的老师。"这句话与梁启超的教育理念不谋而合。古人常说："知之者不如好之者，好之者不如乐之者。"兴趣对孩子的成长和学习有着神奇的内驱作用，可以变无效为有效，化低效为高效。

然而，现在很多父母在教育子女过程中，经常以自己的人生理念和价值判断去要求子女，要么为孩子报各种兴趣班、特长班，逼着孩子学这学那，却没有好好问问孩子，他的兴趣到底是什么；要么就凭借自己的经验为孩子做各种选择，也不问孩子愿不愿意。如果你问这些父母："孩子喜欢这样吗？"他们可能会回答："小孩子懂什么，还不是靠大人把关！"

　　父母望子成龙、盼女成凤的期望可以理解，但孩子在成长过程

中到底要学什么、怎么学，却不能全凭父母的经验和判断来决定，还是应先尊重孩子的兴趣，弄清孩子到底喜欢什么、对什么感兴趣，然后再有针对性地培养，这样才能提高孩子学习的积极性和主动性，变被动学习为主动学习。

（1）父母要做引导孩子叩开兴趣大门的导师

有的父母说："孩子对很多东西都感兴趣，具体对哪一样感兴趣，我也不知道，这怎么办呢？"

每个孩子都有自己的兴趣爱好，而家庭是孩子成长的第一所学校，家庭对于孩子兴趣的形成和发展有着重要的影响。在家庭这所"学校"里，父母就是孩子的第一任老师，所以，父母也要像梁启超教育子女那样，在生活中细心观察和发现孩子的兴趣点，然后加以正确引导和认真培养，帮助孩子叩开自己兴趣的大门。

比如，平时可以多带孩子参加一些活动，让孩子多与同龄的朋友接触、沟通，一起探讨、交流彼此感兴趣的事，拓宽孩子的知识面。也可以给予孩子一定的时间和空间，允许孩子去"折腾""破坏"，让孩子自我探索，并引导孩子动手、动脑，激发和引导他们的兴趣和创造力，进而找到孩子的兴趣点。

（2）尊重孩子，让孩子自己选择兴趣爱好

梁启超在教育子女时，十分重视每个孩子的兴趣爱好，并鼓励他们去坚持自己的兴趣爱好，做自己喜欢的事。

这其实也在提醒现代的父母，在孩子的兴趣爱好上不要过度干

涉，更不要将自己的兴趣和期望强加在孩子头上。孩子是独立的个体，有选择自己兴趣爱好的自由和权利，而且兴趣也是调动学习积极性、探索真理的重要动机。一个人只有在自己感兴趣的事物上，才会积极主动地去探索、去实践。古今中外，但凡有所成就的人物，不管是在科学技术方面，还是在文学艺术方面，都与他们对事物的浓厚兴趣分不开。

所以，父母要学会尊重孩子，允许孩子自己选择兴趣爱好。如果孩子的确在某一兴趣上又较有天赋，那么父母只需耐心培养，便有可能让孩子成为这一领域的佼佼者。

（3）兴趣固然重要，但坚持同样重要

有些父母说："我的孩子对什么都感兴趣，可都是阶段性的，一段时间后又没兴趣了，这怎么办？"

兴趣固然重要，但要想在某一兴趣上有所成就，光有兴趣是远远不够的。兴趣是学习的一个起点，是带领孩子进入一扇门的钥匙，但如果孩子在通往风景的荒芜道路上轻易就放弃了，那么再好的兴趣也不能让孩子领略到最后的风景。

所以，孩子选择自己的兴趣很重要，而坚持同样重要。不论任何兴趣，孩子在实现的道路上都会遇到困难和挫折，都可能会产生放弃的念头，这时，就需要父母及时给予指导和鼓励，和孩子一起克服困难，鼓励孩子勇敢面对，不要轻言放弃，从而让孩子获得自信和能量，继续朝着更高的目标努力。

只要感兴趣，就努力去争取
——海明威巧妙引导儿子

海明威是20世纪最著名的小说家之一，他的一生不仅著作颇丰，还多次荣获过国际大奖。

海明威有个儿子，名叫格雷戈里，从小就喜爱文学，也想像父亲一样当个作家。当他把自己的想法告诉父亲后，海明威非常高兴，他对格雷戈里说："写作是一项需要持续终身的劳动，不过，任何成功都是要靠自己争取的。"

然后，海明威就为格雷戈里开出了一份书单。书单上都是一些世界名著，他对儿子说："现在，你就来阅读这些作品。记住：读时要注意作者是怎样描写人物内心的，故事情节是怎样组织的……还有，不要去分析他们，悠闲地读就可以了。"

格雷戈里是个很聪明的孩子，仅仅一个夏天，他就把书单上的作品全读完了。然后海明威就对格雷戈里说："你也看了不少作品了，能不能写篇小说给我看看？"

不久，格雷戈里就写出一篇小说交给海明威。海明威非常惊喜，称赞儿子说："非常好！你写的比我在你这个年龄时好多了。

我认为，需要改的只有这个地方……"

说完，海明威指了指纸上的一句话："突然之间它发现自己能飞了。"他说："你只需把'突然之间'改成'突然'就行了，用字越少越精炼。"

海明威接着说："孩子，你可以得奖了。写作是需要钻研、需要训练，更需要想象力的。从这篇小说来看，你很有想象力。但是，写作不仅靠努力，还要靠运气，天赐的才能就像在一百万人中摸彩票一样。如果你不具备这个天赋，再钻研、再训练也没有用，反而不如去钻研自己真正感兴趣的东西。"

其实，格雷戈里的这篇小说是从屠格涅夫的作品中摘抄来的，而原著中写的就是"突然"，"之间"两个字是他抄袭时不小心加上的。海明威一下就看出了儿子的伎俩。

原来，格雷戈里觉得父亲的作家生活很轻松、很迷人，因此也想像父亲那样。可他缺乏父亲那样的天赋，而父亲却通过一件小事就指出了问题所在。后来，海明威对儿子说："你干什么都可以，只要你真正感兴趣，只要你觉得这件事值得去做，能够做出成绩来。哪怕你去观察鸟类的生态最后毫无收获，我也会支持你！而问题在于，你到底想干什么，好好想过没有？"

在海明威的启发下，格雷戈里毅然放弃了作家梦，转而去学医，并最终成了一名出色的医生。

每个孩子都有自己的天赋，后天的学习和努力固然重要，但关键还是要找到自己真正热爱的目标，并为之奋斗。

海明威也许早就看出了儿子的想法，但他没有直接说破，而是通过一件小事巧妙地引导儿子，让儿子明白：写作同样是一件辛苦的劳动，在没有天赋的情况下，更难以有所成就。与其如此，不如关注自己真正感兴趣的事物，然后努力去争取，反而更容易获得

成功。

所以，如果你发现孩子缺乏真正的兴趣爱好，或者弄不清自己到底喜欢什么、爱好什么，不妨也学学海明威，适当对孩子进行引导，帮助孩子找到真正的兴趣所在。

（1）鼓励孩子多进行尝试，少指责、多包容

当海明威听儿子说想当作家时，他没有直接否定孩子，更没有指责孩子缺乏天赋，相反，他很支持孩子，还主动为孩子开出书单，鼓励孩子去阅读、训练。

要做到这一点，其实是需要父母付出很多的精力和耐心的，因为孩子的兴趣可能只是一时的，也可能坚持一段时间后毫无进展。这时，一些父母就沉不住气了，要么指责孩子不能坚持、没有毅力，要么直接责骂孩子"笨"，很打击孩子的学习积极性。

其实，孩子进行的任何尝试都是一种体验，何况不尝试，又怎么知道自己到底行不行呢？爱迪生不是也经过无数次的尝试，最终才发明电灯的吗？所以，对于孩子的尝试，不妨给予理解和支持，哪怕孩子最终放弃了，也要多包容，然后再引导孩子继续寻找他真正感兴趣的事物。

（2）根据孩子的性格进行恰当引导

性格不同的孩子，爱好往往也不同。性格外向的孩子，活力十足，一般会喜欢运动，或热衷于社交。针对这种性格，父母可引导孩子参加一些篮球、足球、舞蹈等互动性较强的集体性活动。

性格内向的孩子，往往思维缜密，善于观察和思考，可以考虑引导孩子在绘画、围棋、编程等方面多努力。

还有一些孩子，在熟悉的人面前很外向，在陌生人面前又很内向，这种孩子一般性格比较敏感，但又很善于观察，父母可鼓励孩子参与一些朗诵、演讲、主持等活动，既可面向外界，又不需要近距离地接触陌生人。

（3）多在日常生活中观察孩子

如果父母不知道孩子感兴趣的是什么，一定是没有站在孩子的角度去好好观察生活和思考问题，因而才会自作主张地让孩子学习一些不喜欢的才艺技能。

其实，如果你在日常生活中认真观察孩子，就会发现孩子的一些爱好。比如，孩子平时做得最多的，往往就是他真正爱好的，不管这个爱好是不是有些匪夷所思，如爱拆玩具、爱反驳等，都是他们的一种精神寄托。孩子爱拆玩具，说明他喜欢动手、动脑；爱反驳，并且反驳得有理有据，说明他喜欢辩论。

通过这样的方式来发现孩子真正感兴趣的事物，然后再恰当地引导孩子、鼓励孩子通过自己的努力去争取，孩子一定能在某些领域获得出色的成就。

教育要解放孩子的天性

——老舍鼓励孩子自由发展

老舍是我国著名作家，也是一位风趣幽默的父亲。

老舍先生特别喜欢孩子，也有一套自创的儿童教育观和在当时看来较为超前的教育思想。他的儿子舒乙在回忆父亲时曾说："父亲只要看到被培养成少年老成的小大人、小老头的孩子们，就会落泪，他感到这是一种悲哀。他绝不会给自己的孩子这样的约束。"

老舍特别珍视孩子天真的个性，认为这是天下最可贵的，万万不可约束，更不可扼杀。有一次，女儿舒立放学后哭着回来了，老舍赶紧过来看她怎么了。原来是因为数学考试只考了60分，孩子伤心不已。没想到老舍拿过女儿的考卷一看，竟笑着安慰女儿说："我当发生什么大事了呢！不要紧啊，60分已经挺高啦。再说现在的题目越

来越难，要是让我考，可能顶多考20分。"
父亲的话，让伤心的女儿破涕为笑。

孩子长大后，要考大学选择专
业了。在这人生的关键时刻，
老舍却只安静地坐在一旁，
听着几个孩子热火朝天地
讨论该报什么专业。当孩子
们征询他的意见时，他却说：
"你们说的我也听不懂。你们
该入哪科就自己决定吧，我不参与意见。"最终，兄妹几人都选择
了理工科，没有一人学习文学。不过老舍却很释然，他说："这是
你们自己的选择，我都会赞成。"

老舍先生一直主张自由地发展儿童的天性，维护他们的天真和
活泼，满足他们的正常爱好，不要对他们过多干预和要求。为此，
他还留下了四条言简意赅的《教子章程》，分别为：

一、不必非要考一百分不可，尤其是不必门门一百分。

二、不必非上大学不可。

三、应多玩，不失去儿童的天真烂漫。

四、应有一个健壮的体魄。

同时，他十分反对对孩子进行"揠苗助长"的教育，认为这是
在满足大人的虚荣，而不是真正为了孩子的发育。这样不但方法不

当，还可能超越儿童身心发展的实际水平，违反自然规律，扼杀孩子的天性。

家教心得

老舍先生有一句名言："哲人的智慧，加上孩子的天真，或许就能成个好作家了。"从这句话也可以看出，在老舍先生眼中，孩子的天真、天性是多么重要！

老舍的这种家教可能会与当下许多父母的教育观点相冲突：这不就是对孩子放任自流吗？长此以往，孩子还不都如脱缰的野马一样，无法无天了？这样的孩子，将来能有什么出息？

相信有很大一部分父母都有这种心理，为此，从孩子很小的时候开始，就对孩子严格管教，不仅为孩子报各种兴趣班，还严抓学习。至于像舒立那样考个60分回来，不打骂一通，孩子怎么能长教训？

然而这样教育的结果，便是令一个个原本天真烂漫的孩子，变成了老气横秋的"小大人"。

教育孩子是该"揠苗助长"还是该"顺应天性"，相信父母都心知肚明。可在面对自己的孩子时，却宁可"揠苗助长"，也不愿"顺应天性"，结果不仅孩子感受不到童年的快乐，孩子的创造力、想象力等，也遭到了破坏。

孩子的天性一是爱玩，二是富有好奇心和求知欲，这恰恰是孩子通过自己的方式在认识世界、认识自我。所以，父母应适当释放孩子的天性，允许孩子在某些方面按照自己的规律自由发展。这样成长起来的孩子，身心才会更健康。

（1）让孩子有机会释放其天性

育人如同育树，"能顺木之天，以至其性焉尔。"就是说教育要尊重孩子的天性，让孩子自然发展。著名作家冰心也曾说："让孩子像野花一样自然生长。"也是在强调孩子的"自然生长"。

那么，"自然成长"是不是可理解为对孩子不管不顾呢？

并非如此。"自然生长"在这里应解释为顺应孩子的天性：爱玩、纯真、好奇、精力旺盛、求知欲强、想象力丰富。

老舍一直强调解放孩子的天性，其实就是要让孩子有机会去玩、去探索、去发现、去想象。通过各种活动和亲身体验，丰富孩子的认知，扩大孩子的知识面。这样的教育方式，要比让孩子乖乖地坐在教室里，听老师站在讲台上滔滔不绝地讲植物、讲天气、讲科技更有意义得多。

（2）释放孩子的天性，也要规范孩子的行为

著名教育家陶行知主张："解放孩子们的手，让他们尽情去玩；解放孩子们的脚，让他们到处去跑；解放孩子们的脑，让他们自由去想；解放孩子们的嘴，让他们随意去唱、去说。"为孩子创造一个快乐的童年，释放他们自由自在的天性，比什么都重要。

但是，尊重和解放孩子的天性，并不是对孩子放任自流。俗话说："没有规矩，不成方圆。"只有将自由、天性与规范相结合的教育，才真正有利于孩子的身心发展。因此，在满足孩子爱玩爱闹的天性的同时，也要对孩子有相应的约束。

比如，在外面玩耍时，要让孩子遵守公共秩序，不要破坏公共设施等；在家中，要让每日的饮食起居有规律；等等。这些都是在培养孩子的公德心和生活习惯，与释放孩子的天性和自由并不矛盾。

（3）处理好孩子兴趣与父母要求之间的关系

兴趣是孩子认识事物和探索事物的内驱力，孩子一旦对某个事物产生兴趣，就会积极主动地去探索它。因此，父母只有尊重孩子的兴趣，才能最大限度地发挥孩子的潜能，获得最佳的教育效果。

但是，这并不是说父母就不可以对孩子提要求、有异议。特别是年幼的孩子，有时兴趣往往是一时的，难以稳定。为此，在顺应孩子的兴趣和选择的同时，父母也要引导孩子慢慢形成比较稳定的兴趣。如果孩子的某些兴趣是不利于身心健康的，同样要给予及时纠正甚至制止，从而防患于未然。

给孩子自由的空间

——毕加索对女儿的培养方法

巴勃罗·毕加索是20世纪最具影响力和知名度的艺术家之一，也是现代艺术的重要代表人物之一。他的一个女儿，名叫芭洛玛。芭洛玛从小就非常聪明，对艺术有非常高的天赋。

在毕加索画画时，年幼的芭洛玛喜欢站在边上观摩。有时，毕加索会给芭洛玛一些颜料与画布，让她随便涂鸦。每当有客人来访时，毕加索也会让女儿在一旁，听他们讨论艺术和绘画。

在这种浓烈艺术气息的熏陶下，芭洛玛迷上了绘画，并且画出了非常不错的作品。看到女儿的画，毕加索觉得自己后继有人，感到非常欣慰。

在芭洛玛十四岁时，她突然不再喜欢绘画。她扔掉画笔，不再画画。见女儿如此，毕加索一度感到很失落。但他很快就醒悟过来，他觉得孩子终于有了自己的想法和兴趣，这是一件值得父母欣慰的事。

因此，毕加索没有强迫芭洛玛画画，他告诉女儿说："每个人都有自己的兴趣和追求。你不想画画了，我能理解你。作为父亲，我会一直支持你！"这些话让芭洛玛深受感动，她终于放下了身上的重负——父亲期望自己成为画家的压力。

没过多久，芭洛玛对服装和珠宝设计产生了浓厚的兴趣。她再次走进父亲的工作室，这次她是来向父亲请教设计中的一些问题。

芭洛玛后来成了一位著名的服装和珠宝设计师。她在1980年开始为著名的珠宝品牌蒂芙尼设计珠宝，她的设计深受消费者喜爱，成了蒂芙尼经典系列的一部分。除了珠宝，芭洛玛还设计了多个时尚配饰系列，包括手袋、围巾、香水和眼镜等，其作品都广受赞誉。

家教心得

每个孩子的成长，都有属于他自己的规律。孩子喜欢什么、追求什么，并不一定要以父母的意志为主，不要让孩子背负着父母的梦想前进。

然而事实上，很多父母都会这样要求自己的孩子：自己是个画家，就希望孩子能子承父业，也成为画家；自己是个企业家，也希望孩子未来能成为一名商界翘楚，青出于蓝而胜于蓝。有些父母还把自己年轻时没能实现的梦想寄托在孩子身上：自己没能成为一名歌唱家、舞蹈家，就寄希望于孩子，希望孩子能帮自己实现梦想；自己没能出国留学，就努力攒钱，要把孩子送到国外……

但是，对孩子的想法和期望这么多、这么高，却唯独没有问问孩子，孩子的梦想是什么？孩子想要成为什么样的人？

孩子是个独立的个体，他来到这个世界上，本就应该按照自己的意愿去生活。如果父母能够像毕加索那样，用洒脱从容的心态对待孩子，给予孩子自由的发展空间，让孩子能按照自己的意愿去追求自己的梦想，那么不论是对于父母还是对于孩子，都将会是一件幸运的事。

（1）学会对孩子的梦想放手

我们也常说：多给孩子一些自由的空间。那么这个空间到底有多大？这取决于父母的态度和行为。

很多父母都把孩子看成自己生命的延续，希望孩子能按照自己的规划去生活，或者希望自己的人生缺憾能在孩子身上实现，将自己年轻时没能实现的梦想强加到孩子身上。一旦孩子有了属于自己的梦想，就强行制止，甚至直接扼杀。有些父母在这方面是十分固执的，认为自己是过来人，有经验，为孩子做的任何决定都是明智的、正确的。

然而，心理学研究表明，孩子对未来世界的态度、解释方式及行为方式，是天赋、环境互相交织的结果。他们会选择那些不危及自身的探索方式，并最终使之成为自己的认知及行为模式。如果父母强行将自己的价值观加在孩子身上，不仅当时违背了孩子的意愿，还会令孩子成年后深受个性压抑的痛苦。

因此，父母应学会对孩子的梦想放手，不要过多去干涉孩子的梦想。如果孩子的梦想与父母的期望相悖，父母也应放弃自己的想法，支持孩子成为他自己，成为他自己喜欢的样子。

（2）为孩子营造宽松的成长环境

北欧有个国家芬兰，科技水平、教育水平等都处于世界领先地位。在这个国家生活的青少年，综合素质排名也居于世界前列，这主要得益于这个国家先进的教育理念。

在芬兰的很多家庭，孩子都生活在一个比较宽松的环境当中，父母能够为孩子提供较为自由的成长空间，不太关注孩子是否要进入名牌大学、是否要成为社会精英，也不会为孩子设置一些硬性的指标，而是鼓励孩子的每一个梦想，相信孩子有自己的优势和潜能，而父母乐于陪伴孩子一起去追求属于孩子自己的梦想。

在这一点上，我们国家的父母应该向芬兰的"同行"学习一下，在孩子的成长过程中，多给孩子一些空间和选择的自由。不可否认，让孩子多掌握一些知识、多学一些经验，是没什么坏处的，但前提是孩子自己愿意，否则只会适得其反，不但不能让孩子按照自己的意愿发展，还可能增加孩子的压力。而有关研究发现，强大的压力会永久性地改变孩子的大脑结构，影响孩子以后的学习和记忆。心灵上不自由的感觉，还可以影响神经元的发育，就连心智不够发达的老鼠都是如此，更何况孩子了！

（3）耐心去倾听孩子内心的想法

孩子虽然年纪小，但仍然希望自己的想法能获得父母的认可，希望父母能为自己加油鼓劲儿。所以，如果你发现孩子没有按照你的期望成长，而是对某件你期望之外的事物特别感兴趣，先不要用自己的价值观和标准去衡量孩子这样做对不对，而是坦然地接受孩子的这个阶段性想法。

当孩子从父母这里获得了理解和支持以后，他也会愿意与父母分享自己的梦想和具体的计划，这时，你就能比较全面地了解到孩子的梦想。如果孩子只是一时兴起，那么你就要给予他恰当的指导，让孩子明白：要实现这个目标，就要有具体而长远的打算，并且始终坚持；如果孩子并非一时兴起，而是真的对这件事物有兴趣，父母也应该大方地接纳孩子的梦想，相信孩子能够通过自己的努力，成为最棒的自己。父母的这种信任对孩子来说是非常重要的，可以让孩子不断感受到来自父母的支持和关注，进而对自己充满信心。

3

培养独立自强
的孩子

　　动物会在孩子长大后把其从身边赶走，逼迫孩子学会独自生存。这种行为貌似残忍，实则最有利于后代成长。作为高级动物的人类，有多少父母能狠下心这样做？父母对孩子发自内心的百般呵护，是爱孩子还是害孩子？为什么现在的孩子自立能力差？

　　其实，孩子不能自立的责任在父母，只因为父母过于娇惯孩子。要知道，不能自立的孩子无法在社会中生存，所以，真正的教育并不是给予援助，而是培养自立的人。

培养孩子良好的生活习惯
——陈鹤琴的细节教育

　　陈鹤琴是我国著名儿童教育家、儿童心理学家、教授，中国现代幼儿教育的奠基人，被誉为"中国幼教之父"。陈鹤琴共有七个子女，在他的教导下，几个孩子都先后成为国家的栋梁之材。

　　陈鹤琴非常注重通过日常生活中的小细节来教育子女，尤其注重培养子女的独立性。他曾在自己的著作《家庭教育》中提出十七条教育原则，其中指出：凡是孩子自己能够做的，应当让他自己做；凡是孩子自己能够想的，应当让他自己想。他认为，"做父母没有不爱自己小孩的，可爱的方法很容易弄错。有些父母，不懂得孩子生理和心理的状态，往往因为自己的成见，把孩子管束得像囚犯一样……"

　　对此，陈鹤琴指出，父母爱孩子的真正方法，就是照顾到孩子的身心发展和需要。比如：当孩子要自己吃饭时，父母就该让孩子学着自己吃，不要喂他，并且还要单独为孩子购置餐具，鼓励孩子自己吃饭。

　　当孩子要自己穿衣服时，父母也不要给孩子跃跃欲试的心情泼冷水，更不要把自己的观念强加给孩子。孩子想穿哪件衣服、喜欢什么颜色和式样，只要穿着舒适、保暖适度，就要尊重孩子。

孩子睡觉时，也要让他睡在自己的小床上，不要总粘着父母。更需要注意的是，父母千万不要抱着孩子睡觉，这样孩子习以为常后，就不肯独立睡了，不利于培养孩子的独立性。

除此之外，家里的一切生活用品，如门把手、脸盆、毛巾等，都应照顾到小孩子的使用，并多鼓励孩子自己去做那些他力所能及的事，而不是由父母代劳。

总之，父母在爱孩子时，一定要掌握好爱的方法，尤其不能过分地溺爱孩子，否则最终只会害了孩子。爱孩子，就一定要明白爱的方法，这样才能把孩子养得好、教得好。

蒙教心得

作为著名的幼教专家，陈鹤琴曾被称为"东方的蒙台梭利"，因为他与蒙台梭利分别是20世纪东、西方幼儿教育理论和实践研究的集大成者，且在很多教育理念上都有相似之处。

比如，蒙台梭利曾创办"儿童之家"，鼓励孩子们在"儿童之家"进行运动、做手工、照顾动植物等，而且课程安排也打破了一节课的固定时长，强调个人学习和个人活动，其宗旨就是培养孩子自觉主动的学习和探索精神。而陈鹤琴在自己的教育著作中，也专门强调了培养孩子独立的习惯和个性等，并指出了父母替孩子做事给孩子成长带来的弊端等。

时至今日，不论是蒙台梭利还是陈鹤琴，他们主张培养孩子独立性的教育理念仍然适用。对此，父母可从下面几个方面努力：

（1）停止事事包办，给孩子自己动手的机会

现在孩子的弱点是缺乏独立性、依赖性强，这种现象主要还是与父母过多地包办代替生活中的各种事物有关。结果也让孩子养成了自私、懒惰、依赖、拖拉等毛病，自立能力低下。

所以，从现在开始，父母不要再对孩子事事包办了，而应鼓励他们自己动手。该孩子自己吃饭的，就不要喂；该孩子自己穿衣的，就不要帮；该孩子自己学习的，就不要替；该孩子自己做的事，更不要为他出头。只有父母学会放手，给孩子自己动手的机会，让孩子在自己动手中体会到劳动的快乐，才能逐渐培养起孩子独立生活的能力，以及对自己、对家庭、对社会的责任感。

（2）为孩子创设一些体验生活的机会

要想培养孩子独立自强的能力，就要从小鼓励孩子去体验生活，让孩子很早就明白：

生活是靠劳动创造的，幸福是靠奋斗争取的。同时，让孩子早日投入生活当中，也能让他们尽快掌握独立的知识，锻炼生活本领。

比如，在保证安全的前提下，让孩子独自上街买东西；让孩子自己去参观各种展览；甚至可以让孩子一个人到离家较远的亲戚家做客。孩子在这些生活体验中，也能逐渐学会应付生活中的各种问题和困难。

还可以放手让孩子当一次家，让孩子学着安排一家人的生活饮食起居等活动。如，早晨让孩子安排一家人的早饭，中午去买菜，下午打扫卫生，等等。

这样的体验，也能很好地锻炼孩子的动手、动脑能力，让孩子的独立能力在家务劳动中得到提升。

（3）鼓励孩子参加一些社会实践活动

让孩子参加一些社会实践活动，不仅能锻炼孩子的独立能力，还能培养孩子克服困难的勇气，养成吃苦耐劳的习惯。

比如，在寒暑假时鼓励孩子去参加冬令营、夏令营等活动，培养自主能力以及坚强的个性；或者鼓励孩子去参加一些志愿者活动、献爱心活动、环保活动等，在这种集体活动中，孩子也可以逐渐学会如何照顾他人和自己，同时还能培养孩子助人为乐、与人为善的良好品格，可谓一举多得。

不要让孩子太娇气

——谢觉哉对子女的培养方法

谢觉哉是我国著名的法学家、教育家，人民司法制度的奠基者。

谢觉哉有个女儿，从小就聪慧伶俐，很得父亲宠爱。上学后，由于才思敏捷，学习成绩很好，因此便渐渐滋生了"骄气"和"娇气"，动不动嫌这里不好、嫌那里不对，要不就瞧不起人，说这个同学笨，那个同学长得丑……

谢觉哉发现女儿的变化后，很是震惊。该怎样纠正女儿？谢觉哉为此颇费了一番心思。

谢老想来想去，便想到一个好办法：他特意填写了一阕《减字木兰花》的词送给女儿，其中写道："骄娇二气，骄则自暴，娇自弃。好像幽灵，遇着空子钻上身。划清界限，两军阵前对立面。时时检查，自己不能再有它。"

谢老在这首词中精辟地分析了"骄气"和"娇气"的危害，并重点强调了"骄气"和"娇气"的顽固性，"好像幽灵，遇着空子钻上身"。进而要求女儿与"骄气"和"娇气"划清界限，并拿出古人"吾日三省吾身"的精神，经常检查、反思，以取得真正的进步。

女儿在读完父亲的这首词后，很是惭愧，也很受启发，从此再也没有表现出"骄气"和"娇气"来。

谢老还有个儿子，在外地上大学，寒假回到家后，便开始埋怨家里的房子太破旧了，住着不舒服，闹着要搬家。这件事立刻引起了谢老的注意，他想，干部家庭的子女怎么能这么娇气、这么有优越感呢？如果是一个普通家庭的孩子，肯定不会向父母提出这样的要求来。

为了教育儿子，谢老又特地写了一首题为《示儿》的诗，交给孩子。其中写道："四体不勤，五谷不分；只知吃饭，不懂耕耘；他的外号，叫寄生虫。到校读书，回家锄地；锻炼脑子，锻炼体力；这样的人，才能成器。"

孩子读完父亲的诗后，既理解了父亲的良苦用心，也开始反思自己的不当之处，此后变得懂事多了。

家教心得

现在，很多家庭都是独生子女，他们是家里的"重点保护对象"，父母对其可谓百般呵护、万般疼爱，结果也令孩子变得越来越娇气：吃东西挑挑拣拣，学习一会儿就喊累，一让做家务就嫌脏，对于批评更是接受不了，动不动就闹着要离家出走……

如果你的孩子也有这些问题，那就要及时"止损"了！因为你对孩子无微不至的关怀已经让孩子成了"温室里的花朵"，甚至因此使孩子逐渐丧失了生活自理能力，变得依赖心强、缺乏独立性，遇到一点困难就退缩，只会等着别人解决；适应能力越来越差，甚至性格也会因此而变得越来越孤僻，对成长极为不利。

想必谢觉哉老先生是很懂得这种娇气对孩子成长的"负作用"的，因此在刚刚发现孩子有这方面的苗头时，便及时采取恰当的方法纠正孩子，让孩子远离娇气。

为此，我们不妨也借鉴一下谢老的教子方法，当发现孩子有娇气、依赖的苗头时，及时运用正确的方法，来帮孩子纠正。

（1）多鼓励孩子参加一些劳动

孩子过于娇气，多是由父母溺爱造成的。在家里，父母从不让孩子做家务，更别说让孩子参加劳动了。结果，孩子每天过的都是衣来伸手、饭来张口的日子，哪里还能学会独立、自强？

为了避免孩子过于娇气、依赖，父母不妨给孩子安排一些家务劳动，就像谢老所写的那样"到校读书，回家锄地"。现在虽然不用"回家锄地"了，但却可以让孩子做家务，并多给孩子鼓励，让孩子努力做好。如家庭大扫除时，鼓励孩子和父母一起劳动；做饭时，可让孩子帮忙择菜、洗菜；周末也可以让孩子擦地板、清理卫生间等。

在孩子劳动时，父母切忌不停"挑刺"，而应多肯定、多鼓励、多指导，让孩子有信心和热情完成自己的任务，获得劳动带来的成就感。

（2）父母应从孩子小时就学会放手

我国著名教育学家陈鹤琴就说过："凡是孩子自己能够做的，应当让他自己做；凡是孩子自己能够想的，应当让他自己想。"

这也在提醒父母，平时不要对孩子过分大包大揽，而应该给予孩子足够的锻炼和实践机会，放手让孩子独立进行活动。比如，孩子要自己穿衣服、自己洗脸、自己吃饭，父母就要给孩子锻炼的机

会。一开始做不好很正常，熟能生巧，只要坚持，孩子就能自己做好很多事，也就不再依赖他人了。由此，孩子的身体、智力及各种能力也可以得到足够的发展。

（3）通过一些故事或文艺作品引导孩子远离娇气

为了让孩子远离娇气，谢老用写诗词的方式告诫孩子，我们不妨也借鉴类似的教育方法。当然，写不出类似的诗词也没关系，我们可以通过一些故事或文艺作品中类似的内容来引导孩子，让孩子看到其他人身上不娇气、不依赖的好习惯、好品质，进而鼓励孩子也要求自己，努力做一个独立、自强的人。

培养孩子做家务的能力

——犹太母亲沙拉·伊马斯的爱子之道

沙拉·伊马斯是一位出色的教育专家。她成功地培养了三个子女，让三个原本衣来伸手、饭来张口的孩子，不到三十岁就实现了成为富豪的梦想。她是怎么做到的呢？

沙拉的三个孩子出生后，为了让孩子的生活更好些，她不得不每天起早贪黑地做些小生意，劳累一天后，回到家还要辅导孩子的功课。虽然很忙很累，但她把孩子照顾得很好，沙拉甚至说当时自己就是孩子的"电饭煲""洗衣机""清障机"，每天忙得不可开交。

有一次，一位邻居来沙拉家串门，看到沙拉正手忙脚乱地给孩子做饭，然后再把饭菜一份一份地摆到桌子上，等着三个孩子来吃。

邻居很不解，严肃地对沙拉说："你这样做其实是害了孩子！孩子是家庭的一员，他们有责任做一些力所能及的事，帮助大人分担责任。"

邻居的话让沙拉醍醐灌顶，同时她也发现，自己每天这样辛苦地照顾孩子，的确让孩子滋生了许多懒惰和依赖。沙拉下定决心，要改变自己的教育方式。

　　于是第二天，沙拉制定了一份家庭规划，然后把三个孩子叫到一起，把做好的值日表展示给孩子看。值日表上分别规定由哪个人、哪个时间段打扫卫生、洗衣服、做饭等。她还告诉孩子："你们已经长大，可以帮妈妈分担一些家庭责任了。"

　　在妈妈的要求下，老大首先担任起了"值班家长"。第二天早

晨，他不仅给全家人买了早餐，还收拾好了房间，拖好地，同时帮妈妈买好了晚餐的菜。

沙拉发现，当她慢慢放手让孩子去做事时，他们其实都很能干，完全不像自己当初想的那样，认为他们什么都做不了。相反，当遇到困难时，孩子还会互相商量，主动想办法去解决。

现在，沙拉的三个孩子都已成年，并在各自的领域中做出了出色的成绩，这与母亲沙拉·伊马斯的家庭教育是分不开的。

家教心得

为了教育好孩子，沙拉·伊马斯自创了一种家教方法，叫作"特别狠心特别爱"，其核心就是培养孩子的生存技能、处理问题的能力等。沙拉认为，现在很多父母对孩子都百般呵护，生怕孩子受委屈，这也直接导致孩子的自理能力、适应社会的能力等较差。哪怕已经成年了，孩子在精神上仍然不能"断奶"，经济上难以独立，最终沦为"啃老族"。这既是家庭教育的悲哀，也是孩子的悲哀。

孩子是独立的个体，总有一天要独立地迈向社会，如果父母不尽早给孩子锻炼自立的机会，那么孩子走向社会后，又怎么能很好地适应呢？

所以，聪明的父母不做孩子的"包办管家"，而应做一个参谋、观察、提醒孩子的"军师"，逐渐学会对孩子放手，让孩子从学做各种家务开始，逐渐培养起动手、动脑能力，从而变得独立、自强、有责任感。

（1）从小就为孩子树立自立自强的观念

孩子的自理能力差，往往都是因为父母对孩子的溺爱，就连沙拉一开始也曾陷入这样的教育误区中。很多父母生怕孩子累着，所以宁肯自己忙点累点，也要把孩子的衣食住行照顾好。

殊不知，父母这样做其实是扼杀了孩子活动的内驱力，削弱了孩子研究探索外界事物的主动性，令孩子逐渐产生消极、懒惰的心理，做事也缺乏耐心和恒心。

为了避免这种状况出现，父母要像沙拉一样，"特别狠心"一点，从孩子小时就给其灌输自立自强的观念，鼓励孩子自己动手做一些力所能及的家务，如收拾玩具、擦地、扔垃圾等，既锻炼了孩子做家务的能力，又能让孩子从小学会对家庭负责。

（2）培养孩子的自我管理能力

对于孩子的成长来说，学会自我管理是非常重要的。因为孩子总有一天要走向社会，要独自面对生活中的种种困难。如果孩子从小事事依赖，不能很好地管理规划自己的学习和生活，长大后也很难快速融入社会。所以，在陪孩子成长的过程中，父母应尽量为孩子创造一些锻炼的机会，和孩子一起成长，帮助孩子提高自我管理能力，这样才能使孩子日益趋于独立。

比如，从小引导孩子学会自己的事情自己做、自己的东西自己负责、自己的生活自己安排，这些习惯不但能很好地增强孩子行动的独立性、目的性和计划性，对于孩子今后生活的幸福和成功也有巨大的帮助。

（3）对孩子多引导、多鼓励，少苛责、少强制

虽然培养孩子做家务、独立自理等能力很重要，但父母也要注意，不论你希望孩子做什么事，或者给孩子安排了什么家务，都要用平等的态度和孩子认真商量，像沙拉一样，制定一份值日表，和孩子耐心地商量如何执行等，切不可强迫孩子做你认为对的事。如果孩子出现某些不当行为，也要耐心地引导、教育、鼓励孩子，而不是责骂、呵斥孩子，或强制孩子必须达到你的要求。这不仅会引起孩子的叛逆心理，更不利于孩子自立能力和自我管理能力的养成。

让孩子成为乔木，而不是温室里的花朵

——王永庆的家教原则

王永庆是中国台湾的著名企业家、台塑集团创办人，被誉为中国台湾的"经营之神"。

王永庆共有九个子女，个个都很有成就，其中我们最为熟知的就是HTC董事长王雪红。她不仅只身创业，先后统领威盛、宏达等企业，还收购了香港TVB。2011年，王雪红以63亿美元的身家，晋升为台湾地区首富，并被2011年11月出版的《福布斯》杂志称为"无线通信领域最有权势的女性"。

"富二代"的成功，离不开"富一代"的言传身教。王永庆的家教十分严格，每个孩子在很小的时候都被父亲"赶"出去独自求学、生活。王雪红也不例外，十五岁时，她就被父亲送到美国读高中。在这个人生地不熟的地方，没有亲人在身旁照顾，困难可想而知。然而，王永庆却从不给孩子打电话，因为他觉得打越洋电话"太贵了"。但他会每隔两周就给每个孩子写一封信，而且还要求孩子回信，汇报自己的学习和生活情况，关键是要报告自己都花了哪些钱，甚至连买牙膏的钱都要记账！这样，王永庆才会继续给他们寄生活费。王永庆之所以这么做，就是要孩子知道：赚钱是不容易的，因此也不能随便花钱。

虽然身边很多人都觉得王永庆对孩子太苛刻了，但王永庆认为，孩子就应该培养成为能在恶劣环境中生长的乔木，而不是温室中的花朵。为此，他在教育孩子过程中，从不溺爱孩子，更不给孩子随意享受的机会。正是王永庆的这种家教理念，锻炼了孩子吃苦、独立和努力进取的精神，最终他们都在各自的领域取得了出色的成就。

2008年10月，王永庆去世。同年，王雪龄在接受《商业周刊》访问时，谈到父亲表达对子女爱的方式，就是让孩子早早独立，面对困难，培养孩子的毅力。王雪龄说，她很想告诉爸爸，如果以后在天堂相聚，"我一定要抱你"。

家教心得

王永庆原本可以为年少的子女提供最为优渥的生活，让孩子心安理得地当"富二代"。可他没有这样做，反而比很多普通父母更加严格地教导孩子，宁愿让孩子多吃苦、多闯荡，也不愿孩子因为富裕而懒怠独立、上进的意志，这既与王永庆早年自己的创业经历有关，又说明了他具有长远的目光。财富总有花完的一天，而让孩子具备独立自主的本领，才能令家族企业长盛不衰，也才能使孩子发挥出最大的人生价值，为社会做出更大的贡献。

可见，让孩子尽早学会独立，培养孩子的坚定意志，是帮助他们成长和成才的关键一步。父母要清楚地意识到，孩子将来的一切都离不开自身的奋斗，而独立自强的能力也是一个人生存和发展的基本能力。这种能力不是天生的，是需要从小培养的。

（1）父母要战胜自我，舍得对孩子放手

在培养孩子独立自强的个性时，最关键的就是父母要战胜自己，舍得对孩子放手。有些父母也有意培养孩子的独立性，可一看到孩子遇到困难时着急的样子，不是鼓励孩子想方设法去战胜困难，而是立刻代劳，帮孩子出谋划策、解决难题。

还有些父母，明知道应该让孩子独立去克服困难，坚持自己去做事，但只要孩子一哭闹，立刻就会心软妥协，结果导致前功尽弃。

这些行为，都是很难培养起孩子的独立性的。所以，为了孩子的未来，我们不妨学学王永庆，对孩子"狠一点"，逼他一把。也许你今天的"狠心"，正是让孩子明天变优秀的"催化剂"！

（2）给孩子"金山"，不如给他"点金术"

不管是"金山"还是"银山"，都不是父母留给孩子最好的靠山，最好的靠山是教会孩子"点金术"。"点金术"可不是随便就能掌握的，不独立、没毅力、没能力，是根本掌握不了的！

　　我们经常会看到，那些为子女留下越多财富的人家，越容易养出不成器的败家子，于是就算很富有，也"富不过三代"。白手起家的王永庆，对此自然深有感触。因此，他在教育子女时，才会对子女那么"苛刻"，不多给钱，不允许他们养尊处优，就是为了让子女明白：要想"点石成金"，就必须学会自力更生，凭自己的本事吃饭。否则，就算真给子女留下一座金山，也架不住子女坐吃山空、挥霍无度。而培养孩子独立自主、自力更生的能力，才是为孩子找到了一条最好的出路！

4

让你的孩子
爱上学习

要想孩子学习好，首先应该让孩子爱上学习。一个爱学习的孩子，才能做到"懂"学习、"会"学习，才可能有高的学习"回报率"。相反，一个对学习缺乏兴趣、缺乏动机、缺乏热情的孩子，是不可能为学习去付出、去努力的。因此，从培养孩子的学习兴趣入手，让孩子爱上学习，这是孩子取得好成绩的心理动因。

因为爱，所以努力！

挖掘孩子的天赋
——居里夫人与她的诺贝尔奖孩子

　　居里夫人是法国波兰裔著名女物理学家、化学家，一生致力于放射性现象的研究，也是历史上获得两次诺贝尔奖的第一人。

　　居里夫人不仅自己在科研方面取得了令世界瞩目的成就，同时也培养出了两个出色的女儿，其中大女儿伊雷娜·约里奥-居里还获得了诺贝尔化学奖。

　　居里夫人虽然在科研上花费了大量的时间和精力，但她却从未疏忽过对两个女儿的教育。为了发掘女儿的天赋，她仔细地观察两个孩子的特点。通过一段时间的耐心观察，居里夫人发现，大女儿伊雷娜对数学很感兴趣，而小女儿艾芙则对音乐比较有兴趣。

　　两个女儿上小学后，居里夫人又开始让她们每天进行一小时的智力活动；上中学后，她在女儿放学后再给她们加上一节特殊的"教育课"。

　　这节特殊的"教育课"是在她的实验室进行的，她请实验室的化学家教授两个女儿化学，还请当地有名的数学家教她们数学，又请当地最著名的雕刻家教授她们雕刻和绘画……而每周四的下午，

居里夫人还会亲自教两个女儿物理。

经过大约两年的"特殊教育"，以及居里夫人对两个女儿的观察、比较后，她最终得出结论：大女儿伊雷娜具备科学家的潜质，小女儿艾芙的天赋是在文艺领域。

随后，居里夫人开始有针对地培养两个女儿，让伊雷娜专攻科学领域，而让艾芙去学习音乐和文学。最终，两个孩子也在各种的领域中做出了出色的成就，伊雷娜像母亲一样，获得了诺贝尔奖；艾芙则成为一名优秀的音乐教育家和传记作家。

居里夫人之所以培养出了两个优秀的女儿，完全在于她善于发掘孩子天赋和潜能的特殊教育方法。一个人的天赋是生来就有的，它不能被培养出来，也不能被造就出来，却可以被挖掘出来。居里夫人正是运用这种教育方法，最终让两个女儿在各自的天赋领域内大放异彩，成为历史上成功教育的典范。

其实，每个孩子都是一个独特的个体，都会有一种或几种特殊的本领、技能或特质，也有自己的智力强项和弱项。而孩子的智力强项就是他潜在的天赋与

才能所在，如果父母懂得用正确的方法去引导和发掘，通常可以帮助孩子展现出某些天赋，从而提高孩子的领悟力、创造力等能力。

那么，怎样才能正确地引导和发掘孩子的天赋呢？

（1）为孩子提供在多个领域尝试的机会和条件

为了发掘孩子的天赋，居里夫人不仅从女儿很小的时候就对她们细心观察，更是在女儿能够接受一定量的知识后，为女儿创造各种机会去不断尝试和学习，最终发现了两个女儿的不同潜质。

但在现实生活中，一些父母往往不了解自己孩子的智力特点，或者因为盲目攀比，为孩子选择一些孩子不喜欢、不擅长的领域，强迫孩子去学习，结果是父母和孩子都疲于应付，反而将孩子真正的天赋埋没了。

如果父母能为孩子多提供一些机会，让孩子自己去选择和尝试，孩子就会对自己的优势领域表现出较为强烈的兴趣。有了兴趣就等于成功了一半，孩子也会在该领域保持较高的学习热情，从而在该领域获得一定的发展。

（2）平时多注意观察和了解孩子

有些孩子，从小就是天才，知道自己喜欢什么、擅长什么。对于这样的"天才孩子"，父母只需顺着他们的兴趣去培养就足够了。

但更多的孩子不清楚自己到底喜欢什么、擅长什么，这就要父母多付出一些心血了。居里夫人在两个女儿刚学说话时，便开始耐心地观察她们的个性特征、兴趣爱好等，才能在以后的教育中有的放矢，有针对性地对孩子展开教育。

而我们不妨也借鉴一下居里夫人的方法，拿出耐心来，在日常生活中认真地观察孩子，了解孩子有哪些特点、爱好、兴趣等；也可以在一些游戏当中进行观察，孩子在玩自己喜欢的游戏时，通常都会表现得特别专注、热情，这也是孩子最能展现真实自我的时候。通过这些方式弄清了孩子的个性特征、兴趣爱好后，再有针对性地为孩子提供相应的机会，让孩子去尝试和体验，去接触各种各样的知识，积极地展现自己的才能。

当孩子在不同领域进行尝试和体验时，父母同样需要仔细观察、对比，最好随时记录孩子的表现，并尽可能多注意孩子积极、热情的一面，记录孩子在某一领域所表现出来的优点、长处等。

有了这些细心的观察和了解，我们往往可以发现孩子在某些方面的天赋和才能，知道孩子到底喜欢什么、擅长什么，然后再因材施教，让孩子的天赋获得最全面的发展，帮助孩子开启最精彩的未来。

为孩子制订详细的学习计划

——托马斯·杰斐逊培养女儿成才

托马斯·杰斐逊是美国第三任总统,《美国独立宣言》的主要起草人,美国开国元勋之一。

作为美国总统,杰斐逊是值得后人称颂的,而作为一个父亲,杰斐逊对女儿的教育更足以成为后世的楷模。

在杰斐逊三十八岁时,他的妻子便去世了,为杰斐逊留下了三个女儿。因为工作繁忙,他将两个小女儿托付给妹妹照顾,而将十一岁的大女儿马撒带在身边。为了让女儿成才,他不仅为女儿聘请了当时最好的音乐老师、绘画老师等,还特意抽出时间,根据女儿的实际情况,为她制订详细的学习计划和阅读计划。

杰斐逊在给朋友的信中谈到，他给女儿制订学习和阅读计划时，不仅考虑到女儿的兴趣爱好，还加入了一些比较严肃的学科和书籍等，甚至包括"一定数量的最好的诗人和散文家的作品"。

后来，杰斐逊作为外交使节出使法国，他就将女儿送到费城上学，培养她对诗歌、音乐、绘画等方面的欣赏能力。在驻法国期间，杰斐逊还给女儿写了很多信，第一封信就是给女儿制定了一个作息表，并且在其中写道："我为你请了许多老师，希望你能在他们的教导下学到更多的知识……"为了女儿的成长，杰斐逊可谓用心良苦。

杰斐逊不仅对大女儿马撒这样要求，后来对两个小女儿的要求也是如此。他经常对孩子说："下定决心的人会永不懈怠，从不浪费时间的人也不会抱怨时间的不足。只要努力，就可以做成许多事情！"

作为一国的政要，杰斐逊的日常工作非常繁忙，但即便如此，他仍然会抽出时间来关心女儿的学习，甚至为女儿制订出详细的学习和阅读计划，培养女儿成才。

学习是孩子成长过程中一个不可或缺的任务，然而很多家长可能发现，孩子在学习时往往很盲目，没有计划、没有目标，经常凭借自己的兴趣和心情学习。兴趣浓、心情好时，就多学点；否则就把书本扔到一边不理不睬。结果可想而知，孩子既缺乏学习兴趣，又缺乏学习积极性，成绩自然忽高忽低。

其实，这就是因为孩子缺乏科学的学习计划。所以，要想培养孩子的学习能力，提高学习成绩，父母应根据孩子的实际情况，为孩子制订科学、详细的学习计划，并监督孩子很好地实施计划，这样才能帮孩子养成守时、有序、高效的学习习惯。

（1）根据孩子的实际学习状况来制订学习计划

俗话说："凡事预则立，不预则废。"学习同样如此。一个人在学习时有计划、有目标，才能对学习的目的、内容、方法、时间安排等做到心中有数，从而将学习变成一件有条不紊的事来高效完成。

不过，在为孩子制订学习计划时，一定要根据孩子的实际情况来进行，不要将学习计划订得过低或过高。订得过低，孩子就会觉得这份计划没有挑战性，慢慢就会产生"轻敌"心理，不利于学习的深入；订得过高，孩子完不成，又会产生沮丧、失落的心理，失去学习兴趣和积极性。

最恰当的方法，是对孩子具体的学习目标进行分解，比如，孩子的学习成绩平均70分，那就不能一下子把学习目标确定在90分，而应设置为70-75-80-85-90⋯⋯这样才能让孩子不断体验到学习的乐趣和成功的快乐，从而不断追求进步，一步步接近目标。

（2）监督孩子严格执行学习计划

学习计划制订好后，接下来就是执行了。在这个过程中，父母的监督和引导作用很关键，因为孩子年纪小，容易对学习计划丧失新鲜感，几天后可能就想偷懒了。这时，父母要引导孩子重新回到计划中来，将计划坚持到底。只有这样，学习计划才能起到真正的作用。

比如，可以和孩子一起设立一些奖惩措施，如果孩子的学习计划执行得比较好，就给予适当奖励，从而提升孩子的学习积极性。

当然，如果孩子没能很好地执行计划，也要给予适当的惩罚，如取消当天看电视的活动、取消周末活动等。

需要注意的是，在监督和引导孩子执行学习计划时，一定以尊重孩子的意愿为基础，否则，孩子就会产生厌烦情绪，更不利于计划的顺利进行。

（3）和孩子讨论学习计划的执行情况

当学习计划坚持一段时间后，父母可与孩子讨论一下，看看该计划的实施情况及效果。如果发现这一计划已不太适合下一阶段的学习，要及时结合孩子现在的情况调整学习计划。

如果孩子在一段时间内执行计划的效果很理想，且成绩也有所提高，父母别忘了及时给予孩子鼓励或奖赏，以提高孩子学习的自觉性和积极性，激发孩子的学习热情，从而提高学习效率。要知道，孩子都是喜欢鼓励和赞赏的，父母的鼓励和赞赏更是孩子不断追求进步的极大动力。在父母的激励下，孩子也会更加严格地执行学习计划，从而使学习成绩不断进步。

多与孩子进行学习上的探讨

——叶圣陶为儿引步教育法

叶圣陶是我国现代著名作家、教育家、文学出版家和社会活动家，有"优秀的语言艺术家"之称。

叶圣陶对子女的学习十分关心。孩子每天放学后，吃完晚饭，叶圣陶就坐在桌前给他们批改作业。在这期间，至善、至美、至诚兄妹三人各自坐在桌边，眼睛盯着父亲手中的笔，有时还会你一言我一语地评论父亲修改的作业或文章。这个过程其实是叶圣陶和孩子一起探讨着共同修改的。

叶圣陶给孩子修改文章是最有趣的，他总是边改边问："这里是不是多了些什么？""这里能不能换个更恰当的词？""把这个词换一下，句式改变一下，会不会更好些？"……如果遇到自己不明白的地方，他还要问孩子："你原本是怎么想的？""这里你为什么不表达出来？""怎样才能把要说的话写得更清楚一些？"……然后大家各抒己见，最后认为哪个说得对，就按照那个意见去修改。有时大家争论得面红耳赤，最后父亲才进行总结，提出修改意见，改完后还要再读一遍，看看是否改得到位。

对于父亲的这种批改作业和修改文章的方法，孩子都很喜欢，兄妹三人每周都会交一篇作文给父亲。至于要写什么，完全由自己决定，父亲不会规定题目，逼孩子去写。但父亲也有个要求，就是必须写真话，表达自己的真情实感。叶圣陶告诉孩子，其实生活中可写的东西有很多，只要善于观察、善于思考，根本无须胡编乱造，而且写出来的东西也不会雷同，更有新意。

叶圣陶这样做，实际是在"为儿引步"。在他的谆谆教诲下，三个孩子的学习进步得都很快。在很小的时候，他们的文章就获得了朱自清等人的好评。

家教心得

叶圣陶对三个子女学习能力的培养可谓独具匠心，他既不像一些父母那样，对孩子板着脸提要求，也不放任不管，任孩子自由发挥，而是像一位耐心的老师一般，认真地批改孩子的作业、文章。尤其对于孩子的文章，批改起来更是既严格又不失活泼有趣，不仅会提出自己的意见，还积极与孩子探讨，让孩子既乐于接受父亲的批改，又仿佛彼此间在进行一场竞赛，暗中都憋着劲儿要超越其他人，从而增强了孩子写作的兴趣和积极性。

这就让人想起了现在很多父母在辅导孩子写作业时的情景。如果上网一搜，你会发现各种辅导孩子写作业到崩溃的段子，不是闹得"鸡飞狗跳"，就是气得"心脏搭桥"。

其实，出现这些状况还在于父母没有掌握好辅导孩子学习的诀窍。一旦遇到难题，讲两遍孩子没理解，便立刻开启了"河东狮吼"模式，效果可想而知。

我们在辅导孩子学习时，不妨也学学叶圣陶先生的方法，改讲解为探讨，改指责为商量，也许能收到更理想的效果。

（1）要启发辅导，不要越俎代庖

不少父母在辅导孩子学习时，都喜欢"越俎代庖"，要么直接帮孩子解出难题，要么发现孩子出错就马上指出来："你要这样才行……""你选B是不对的，选A才对""你要按照妈妈的方法来写……"人都是有惰性的，孩子更不例外。这种辅导方式，很容易就会令孩子产生依赖心理。

正确的辅导方法应该是启发式的，比如孩子遇到难题来求助时，可先让孩子多读几遍题目。因为有的孩子并不是真不会做，而是没读懂题意。仔细多读几遍后，题目中的细节或隐含的意思就可能会弄懂，这样再解题就变得容易了。

如果孩子的确是被难倒了，也不要直接给出答案，而是适当启发孩子一下。比如："你是不是对这个概念理解得不够清楚，要不要再仔细看看课本？""你在背诵这几个单词时，试着编个小故事会怎么样呢？"……这些小提示都会引导孩子去主动思考，而不是坐等父母给出答案。

（2）与孩子一起探讨，寻找答案

遇到难题时，孩子肯定会向父母寻求帮助。如果父母能一眼看出答案，或略微思考后就能解答出来，可以通过提示关键点的方法来引导孩子思考；但如果父母半天也解答不出来，或不敢确定自己的答案是否正确，不妨学学叶圣陶的为儿引步法，与孩子探讨一下，一起寻找答案。

在一起探寻的过程中，也可问问孩子："这个题目跟之前学过的哪些内容有关？""老师之前有没有讲过相似的内容？"这样就能引导孩子去翻阅课本或之前的笔记，或者查找相关的工具书。也许最后仍然不能得出确切的答案，但这个过程是在告诉孩子：遇到难题不要着急，也不要完全依赖别人，而是应积极寻找解决方法。更重要的是，这个过程是鼓励孩子通过各种渠道去获得解决问题的方法，这样他才能真正学到知识，养成良好的学习习惯。

父母是孩子最好的学习榜样

——钱锺书杨绛对女儿的培养

钱锺书是我国现代著名作家、文学研究家，夫人杨绛则是我国著名作家、文学翻译家。

钱锺书和杨绛生有一女，名叫钱瑗。虽然钱锺书夫妇都是很有文化的人，但他们对女儿却没有提出什么严格的要求，更没有给过什么训示。不过，这并不代表他们对女儿不进行教育，相反，他们都是通过为女儿做好榜样，让女儿慢慢地接受教育的。

比如，在学习这件事上，钱锺书和杨绛没有像大部分父母那样，对孩子耳提面命，要求孩子该读多少书、该学多少知识，而是用自己的实际行动影响孩子。夫妻俩都爱读书，每天都要读，钱瑗从小耳濡目染，也渐渐喜欢上了读书。在三岁时，她就能像大人一样坐在一旁专心地看书了。

对此，杨绛认为，好的教育首先应能够激发人的学习兴趣和学习的自觉性，培养孩子的上进心，引导孩子好学、爱学和不断完善自己。要让孩子在不知不觉中受到教育，父母的榜样作用就很重要，言传不如身教。

所以，当钱瑗看到父母在一旁读书时，也会照模照样地拿本书来读，慢慢地，她的阅读习惯就培养起来了。后来她又学着父母的样子，读英文书。有一次，钱瑗在读英文书时，遇到一个不认识的单词，就去问爸爸，但爸爸不告诉她，让她自己去查辞典。钱瑗翻了三遍也没查到，又去问爸爸，但钱锺书还是不肯告诉她，仍然让她自己去查辞典。钱瑗没办法，只好再去查，终于在第五遍时，查到了这个单词的意思。结果，她对这个单词的记忆就特别深刻。

在钱锺书和杨绛的这种"身教"下，钱瑗不仅像父母一样喜欢读书，上学后学习也非常出色。

家教心得

好的家教家风，可以让孩子受益终生。杨绛的父亲杨荫杭先生对教育子女颇有心得，因此对女儿的教育也很特别。杨绛学习成绩不突出，父亲从不责怪；对于杨绛在学习上表现突出的地方，会表扬，不好的地方也不会指责，而是千方百计地调动杨绛的学习兴趣。对于阅读，父亲从不勉强杨绛，而是自己先做好榜样，然后再把女儿喜欢的书放到她的书桌上，如果是女儿长时间不读的书，他又会主动收走。

在这种家教的影响下，杨绛懂得了学习兴趣的重要性，所以在教育自己的孩子时，也承袭了父亲的教育方法，不指责、不批评，而是通过父母的身教去影响孩子。

　　实践胜于指导，身教重于言传。父母是孩子最好的学习榜样，父母所说的每句话、所做的每件事，都会影响到孩子。所以，与其绞尽脑汁地想着怎么让孩子爱上学习、爱上读书，不如自己先爱上学习、爱上读书，然后用自己的实际行动去影响孩子，或许效果更

为理想。

（1）父母先做个爱读书、读好书的人

人是习惯的产物，孩子是父母习惯的延续。父母没有读书、学习的习惯，自己早早放弃了求知，就不能奢望孩子多喜欢读书、多喜欢学习。

在成长过程中，孩子会产生"要像大人一样"的愿望，这种愿望也会导致他们事事向父母"靠拢"：学习父母的行为习惯，学习父母的说话方式，等等。所以，要想让孩子成为一个爱读书的人，父母首先要成为爱读书的人，用自己的实际行动影响孩子。

要注意的是，父母自己读的书也要有所选择，要读好书，可以是自己的专业书，也可以是一些好的文学名著、文学作品等。

（2）鼓励孩子充分表达自己在学习上的一些见解

曾有一份调查显示，在生活中，有70%的父母没有耐心听孩子说他们的观点和想法。现在的孩子在学习和读书上其实都是很有想法的，也希望通过自己的思想来实现自己的愿望。如果孩子能跟父母沟通，说明他们能够独立思考，能够展现出自己的个性了。这时，如果父母能多给孩子一些鼓励，鼓励孩子积极思考，充分地表达自己的见解，恰恰可以让父母更加深入地了解孩子在学习上的长处和不足。

需要注意的是，当孩子说出自己的见解后，即使与父母的观点不一致，父母也不要一味否定孩子的观点，而应学会尊重和接纳，

允许孩子有自己的想法和观点。当然，如果孩子的观点是错误的，父母肯定要及时纠正，但也不要直接斥责孩子，而应心平气和地引导孩子，让孩子明白他的观点错在哪里，如何纠正。

（3）读书不怕晚，就怕没耐心

学习和读书在任何时候开始都可以，一些父母感觉自己在孩子小时候没能好好陪伴孩子，担心现在晚了。并非如此，任何一个好习惯，不管什么时候培养都不晚。

不过，学习和读书习惯的养成不是一蹴而就的事，必须有耐心、要坚持，才能有效，"三天打鱼，两天晒网"是不行的。有的父母觉得自己工作忙，没时间读书，其实很多时候我们都可以见缝插针。比如在和孩子一起坐公交车时，就可随身带一本书，在车上和孩子一起读；带孩子外出吃饭时，也可带上一本书，在等待上菜的时间里，让孩子随手翻翻看。家里也可以专门为孩子准备出一个看书的空间，里面放上各种书籍，孩子学习或游戏的间隙，都可以去翻阅一下。

总之，只要父母做好榜样，掌握好方法，并愿意耐心地引导孩子，每个孩子都能爱上学习、爱上读书。

5

良好的品质决定
孩子一生

高尔基说："仅仅只是爱孩子，母鸡也会这样做，可要善于教养他们，却是一件伟大的公共事业。"这里的"教"即教育孩子成长，教孩子做人；"养"即品质的养成，健康人格的建构等。对于孩子来说，好品质远比知识和技能更重要。因为，知识和技能随时可以学习、吸收与更新，而品质一旦形成，就很难改变。因此，家长应从小培养孩子良好的品质。

让孩子做个诚信的人

——曾子杀猪教子诚实

曾子是春秋时期鲁国人，孔子的得意门生之一，也是我国著名的思想家。

有一天，曾子的妻子要去集市买东西，他们的儿子也嚷嚷着要一起去。曾妻觉得带着孩子去麻烦，就随口对儿子说："你乖乖在家等着，我回来就杀猪炖肉给你吃。"

儿子最喜欢吃猪肉，一听说妈妈回来能给自己杀猪炖肉吃，顿时安静下来，乖乖地回去了。

等曾妻从集市回来，刚一进门，就看见院子里已经准备好了水盆、刀子，而曾子正把一头小猪捆好，准备杀猪。他们的儿子正喜滋滋地站在一旁，看着父亲杀猪。

曾妻忙上前阻拦道："你这是做什么？猪还这么小，怎么能杀呢？"

曾子说："你忘了自己早晨怎么对孩子说的了？"

曾妻有点生气地说："我只是随口一说，糊弄小孩子的，你怎么能当真呢？"

听完妻子的话，曾子语重心长地说："在孩子面前是不能撒谎的！我们现在说一些欺骗他的话，等于是教他以后去欺骗别人。虽然你只是随口一说，哄住了孩子，但过后他知道你说谎欺骗了他，就不会再相信你的话了。这样一来，我们以后还怎么教育孩子呢？"

曾子的话让妻子很自责，后悔不该对孩子说那样的话，更不应该欺骗孩子。既然已经答应杀猪给孩子吃肉了，就要说话算数。于是，她只好过去，帮曾子一起把小猪杀了，为孩子炖了一锅肉。

家教心得

在孩子的心目中，父母答应的事就像是铜墙铁壁一般坚不可摧。但是，如果父母多次承诺都没能兑现，孩子就会对父母的言行渐渐产生怀疑，以后也不会百分之百地相信父母了。即使以后父母再真诚地许下承诺，由于此前的食言，孩子也会认为父母是在敷衍自己。

与此同时，孩子还会有意无意地模仿父母的言行。当他对别人做出承诺时，也不愿意说到做到。因为他觉得，既然父母能这样做，那么自己也可以，没什么大不了的。在这种教育观念下，孩子很难养成诚实守信的好品质。

作为一代大儒，曾子自然深谙其中的道理，因此也十分注重父母的言行对孩子的影响。当妻子向孩子"承诺"后，他立刻用实际行动兑现了妻子的诺言，在孩子面前树立起了诚信的形象，为孩子做出了好的榜样。

所以，如果想让孩子成为一个诚信的人，我们不妨学学曾子的家教，用实际言行去影响孩子。

（1）身教重于言传，用自己的行动做表率

曾子的做法，在很多父母看来似乎有些小题大做了：糊弄孩子嘛，谁都有过，何必当真呢?

然而，曾子的做法无疑是正确的。他用自己的行动教育孩子要言而有信、诚实待人，虽然杀了一头猪，眼前利益遭受了损失，但从教育子女的长远来看，这么做却是值得的。要知道，父母的一言一行在孩子眼中都具有模范和榜样作用，父母做得好，孩子就学得好；父母做得差，想让孩子做好就很难。

　　试想一下，如果当初曾子和妻子的想法一样，哄骗孩子一下，不兑现自己的诺言，猪是保住了，但孩子发现自己受了骗，以后肯定再难以相信父母。这样一来，父母再想教育孩子诚信，孩子恐怕都不会听了。这也是现在很多父母说孩子难教育的原因，父母没有在某些方面做好身教，没有用自己的行动做好表率，又怎么能强求孩子一定要做好呢？

　　所以，要想让孩子成为一个诚信的人，父母首先应像曾子那样，对孩子诚信，这样再去教育孩子，孩子才会信服。

（2）不要轻易给孩子开"空头支票"

　　有些父母为应付孩子，就会随便给孩子许诺，比如答应孩子考100分出去旅游、答应孩子不哭闹就可以买玩具，结果等孩子做到了，父母却找各种借口食言了。这样的做法是很伤害孩子的，而且孩子受到这种不守信行为的暗示，也会跟着模仿。

　　家庭教育中的诚信教育是很重要的，所以父母在教育孩子时，如果觉得无法实现的事，就不要轻易给孩子许诺。一旦答应孩子的，就要努力做到，不能找借口百般推诿，更不能在失信后对孩子进行责骂。

如果答应孩子后，的确因为一些原因而无法兑现，父母要及时向孩子说明原因，真诚地向孩子道歉，请求孩子的原谅，并和孩子商量怎么弥补。只有这样，才能取信于孩子，也才能给孩子做好诚实守信的典范。

（3）孩子说谎，父母要正确引导教育

虽然我们希望孩子做诚信的人，但因为孩子年龄小，尚未形成正确的世界观、人生观，因此有时候也会说谎。

当你发现孩子说谎时，不要立刻就大动干戈或棍棒相加，而要冷静分析，弄清孩子说谎的原因。心理学家认为，孩子说谎大多是出于本能反应，比如想要逃避责罚等。对此，父母要正确积极地引导，让孩子认识到说谎是错误的行为，是不诚信的表现，说谎是要付出代价的。

这也提醒父母，当孩子犯错时，不要对孩子斥责打骂，这样只会让孩子为了逃避打骂而变得爱说谎。相反，父母要积极引导孩子勇敢地承认自己的错误，冷静地分析错误，并主动承担因自己的错误而造成的后果，争取把坏事变成好事。

引导孩子成为有礼有德的人

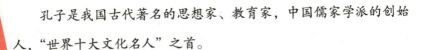

——孔子教子学《诗》《礼》

孔子是我国古代著名的思想家、教育家，中国儒家学派的创始人，"世界十大文化名人"之首。

孔子有个儿子，名叫孔鲤。孔子对这个儿子寄予了厚望，因此在孔鲤很小时，孔子就教他读各种书籍，后来还让他跟着自己的弟子们一起学习。

有一天，孔子正独自站在庭院里休息，孔鲤正巧走过来。孔子看到儿子，就问："你学《诗经》了没有？"

孔鲤回答说："还没有学。"

孔子又说："那你应该好好去学习一下啊！不学好《诗经》，你就不能很好地用言辞来表达自己的思想。"

孔鲤听了父亲的话，马上回去开始认真地学习《诗经》，体会其中的奥妙。

又过了几天，孔子又问孔鲤："你学《礼记》了没有啊？"

"还没有。"孔鲤老老实实地回答说。

"那你要回去好好学习一下《礼记》啊！如果不学好《礼记》，

你就不能懂得立身做人的道理，也就很难在社会上立足啊！"

孔鲤听后，回去又开始刻苦攻读《礼记》。

孔子有个学生，名叫陈亢。孔子这两次与儿子的谈话，都被陈亢看到了，于是陈亢就怀疑孔子私下对自己的儿子有什么特殊的传授。有一天，他就问孔鲤："你在老师那里得到了什么特别的教导吗？"

孔鲤回答说："并没有啊。父亲只是叫我认真学习《诗经》和《礼记》而已。"

陈亢听了孔鲤的话，很高兴地说："我只问了你一件事，没想到却得到了三个答案，一是要学习《诗经》，一是要学习《礼记》，还有一个就是圣人对自己的儿子也没有什么偏爱！"

家教心得

一代圣人孔子在教育自己的儿子时，并没有要求儿子学多少知识、掌握多少技能，而是强调应懂得礼仪道德。他让儿子孔鲤学《诗经》，是为了让儿子把话说得更好；让孔鲤学《礼仪》，是为了让儿子有道德、懂礼貌，学会与人和谐相处，这样才能更好地为人处世。

可见，圣人的家教注重的并不是孩子掌握多少知识和技能，反而更注重孩子的礼仪道德、做人规范等。

在今天看来，孔子的家教仍然值得我们借鉴。优良的道德礼仪习惯，既代表了孩子的品质、修养以及对别人的尊重，同时也是孩子与这个世界友好交互的重要方式。一个有道德、懂礼貌的孩子，必然会是受欢迎的孩子，未来也可以与人更好地相处、沟通、合作，这些对于孩子的学习、生活、事业都将会有较大的帮助。

（1）从小就对孩子进行道德礼仪的培养

孩子从一出生，就会对这个世界产生认知。如果孩子的成长环境是一个礼仪之家，那么他就会耳濡目染，从父母家人那里学到各种道德规范、礼仪行为等。我们知道，一个行为习惯的养成大约需要三周，所以长期在这种家庭环境中生活，受到家庭环境的熏陶，孩子慢慢就会成为小淑女或小绅士。

所以，如果父母希望自己的孩子成长为一个有德行有礼貌的人，平时在为人处世、待人接物等方面就要注意自己的言行举止。自己首先要成为一个有德有礼的人，孩子才会受到良好的影响和教育，以后也会学着父母的样子，遵守各种礼仪规范。

（2）将礼貌用语和行为渗透到游戏、生活当中

孔子在教育自己的儿子学习道德礼仪时，是让儿子读相关的书籍，今天我们在教育孩子时，除了引导孩子读一些相关的书外，还可以把道德礼仪的行为渗透到日常的游戏、生活当中。尤其是对于年龄较小的孩子，对一些礼貌语言和行为的作用可能还不是特别理

解，让孩子在游戏、生活场景中学习和理解会更容易一些。

在和孩子玩游戏时，可以让孩子学习"请进""请坐"等一些招待客人的礼貌用语；在外面碰见熟人时，要引导孩子学会用"您好""再见"等礼貌用语；在孩子学习需要帮助时，可以引导孩子说"请你给我看一看，好吗?"等礼貌用语。

通过这些游戏、日常生活的点滴渗透，孩子也能逐渐体会各种礼貌语言和行为的作用，也会学得彬彬有礼。

（3）及时制止孩子不道德、不礼貌的言行

孩子毕竟还小，有些时候还不能很好地控制自己的情绪，或者不懂得一些言行会对他人造成伤害，从而表现出一些不太道德或不礼貌的行为，这时父母要及时制止。如果教育还不能让孩子改正不好的言行，尤其是他的行为确实已经有害或危险时，更有必要采取这种措施。

有些时候，孩子可能会用语言或行为对他人造成攻击或伤害，这时父母必须严格制止，甚至应给予惩罚。只要父母对此持严肃、认真的态度，哪怕只要一个眼色、一个手势，孩子就会明白自己做错了。如果孩子没有意识到自己的错误，也可以将他带离现场，然后让他去反思一下，这要比让孩子去面壁思过更有正面的教育意义，并且一定要与他讲清楚，究竟他的哪些言行是不对的、为何不对等。

做人做事要敦厚谦让
——王羲之教子以德为本

王羲之是我国东晋时期著名的书法家，其作品在我国古代书法史上占有重要地位。尤其是其代表作《兰亭序》，更被誉为"天下第一行书"。

王羲之为官期间，严于律己，清正廉明，深得百姓爱戴。不仅如此，他对自己子女的教育也以严厉著称，经常教导孩子要谦虚、勤奋、节俭、宽容，这样才能兄友弟恭、居家和睦。

有一次，王羲之与好友许玄度一起到奉化一带游玩。晚上，两位好友就住在一个小客栈里，饮酒聊天。当两个人正聊得欢畅时，忽然听到外面有人吵架。原来是两兄弟为了争夺资财打了起来，彼此都受了重伤。后来有人报官，兄弟俩都被官府抓走了。

这件事让王羲之很是震动，他脸色沉重地对好友说："这两个是亲兄弟，打架却如此残忍，不知道我们的后辈以后会怎么样啊！"

回家之后，王羲之就把孩子都叫到跟前，将自己目睹的这件事详细地讲给他们听。随后，他又命人拿来纸笔，工工整整地在纸上写下四个大字——"敦厚谦让"。

孩子围在王羲之周围，不知父亲写这四个字的深刻用意，纷纷要求解释。王羲之语重心长地说："敦厚者，庄重朴实也；谦让者，厚人薄己也。为人处世，以德为本，人和为贵，遇事应退让三分。兄弟之间，本同血肉，情如手足，要和外睦内，敦厚谦让，才能光前裕后。若如彼等逆畜，则人所不齿，遗臭万年。切记，切记！"

　　他还让孩子把"敦厚谦让"四个字拿去临摹，要求每人每日临一字，每个字写五遍，并将这四个字牢牢地记在心中。

家教心得

王羲之教育子女可谓用心良苦！他将外面看到的真实事情告诉孩子，目的就是为了警示他们做人做事要敦厚谦让，并亲笔写下"敦厚谦让"四个大字，让孩子临摹，以使孩子能将此训牢记心中。

自古以来，人们就非常重视礼待、谦让、分享等品质，如"孔融让梨"的故事，几乎家喻户晓、老幼皆知。虽然我们现在要用发展的眼光来看待这些问题，但引导孩子养成这些品德仍然是很有必要的。

（1）父母应在日常生活中随时随地加以引导

小孩子并非天生就自私自利，但也不是天生就慷慨谦让。要培养孩子从小学会大度、分享，养成敦厚谦让的品行，主要靠父母在日常生活中随时随地加以引导。

比如，买了好吃的东西后，鼓励孩子给全家人分配，家里大人孩子都分得一份，并鼓励孩子将好的、大的分给爷爷奶奶、姥姥姥爷等长辈。如果爸爸或妈妈还没下班，也要提醒孩子给爸爸或妈妈留一份。孩子做完后，要及时进行表扬、鼓励，强化孩子的这一行为。

有小朋友到家里玩时，鼓励孩子拿出玩具跟小朋友一起玩，或者彼此交换玩具。孩子这样做了，同样要予以肯定、夸奖。

通过这种不断强化，孩子会体验到谦让、分享的快乐，并逐渐

形成良好的品行。

（2）通过一些文学作品启发孩子

很多文学作品中，都有一些有关谦让、分享、宽容的故事，父母平时可以和孩子一起阅读，同时启发孩子思考：书中某个人的做法对不对？为什么？什么时候需要谦让？该怎样谦让，等等。从而将故事中所蕴含的道理植入孩子心里，让孩子在不知不觉中学习和效仿故事中的行为规范。

（3）可以教孩子说"不"

虽然敦厚谦让是一种良好的品行，但也不要强迫孩子谦让或分享。比如，孩子在跟其他小朋友一起玩，遇到相互争抢玩具的情况时，是否一定要让着别人？这时要就事论事，不能强迫孩子谦让或分享。如果当时的情况是可以谦让的，我们可以引导孩子学会人与人之间互惠互利的必要性，也可以通过讲道理鼓励孩子谦让。当孩子做出谦让的行为时，同样要给予表扬。

但如果是自己的玩具被别人抢了，孩子又不想与人分享，此时就需要尊重孩子的意愿，不能强迫或引诱孩子分享。不仅如此，父母还要教会孩子说"不"，学会拒绝别人的无理要求。切不可为了谦让而谦让，混淆孩子的是非观，让孩子变得时时处处都只知道忍耐，养成怯懦的性格。

静以修身，俭以养德

——诸葛亮的《诫子书》

诸葛亮是三国时期蜀汉的丞相，我国古代杰出的政治家、军事家、思想家、文学家。同时，还是一位品格高洁、才学渊博的父亲，他在教育孩子时，非常注重对孩子品行的培养。

诸葛亮的儿子诸葛瞻，从小机敏聪慧，深得诸葛亮的喜爱，因而他也对这个儿子寄予厚望。他在给哥哥诸葛瑾的信中，还特意说起自己的儿子："瞻今已八岁，聪慧可爱，嫌其早成，恐不为重器耳。"意思是说，他很担心儿子过早地聪慧外露，容易自满，反而难成大器。

公元234年，诸葛亮病重，他对自己年仅八岁的儿子十分不放心。临终前，他给儿子写了一封家书，就是著名的《诫子书》。其中写道："夫君子之行，静以修身，俭以养德。非淡泊无以明志，非宁静无以致远。夫学须静也，才须学也，非学无以广才，非志无以成学。"

意思是告诫儿子：君子的行为操守，是在宁静中提高自身修养，是以节俭来培养自己的品德。不恬静寡欲，就不能明确志向；

不排除外来干扰，就无法达成远大的目标。所以，不学习就不能增长才干，缺乏志向就不能学有所成，放纵懒惰就不能振奋精神，急进冒险就不能陶冶性情。

在诸葛亮的教导下，诸葛瞻后来也成为蜀汉的一名忠诚之士，像他的父亲一样，为蜀汉建功立业。

家教心得

诸葛亮的《诫子书》饱含了一个父亲对儿子深切的爱，这种爱在某种意义上也包含了家庭教育的智慧。通过理性、严谨的文字，诸葛亮劝勉儿子要立志勤学、节俭修身，在今天来看，仍会给父母以很大的启示。

也正因为诸葛亮从小对儿子诸葛瞻的悉心教诲，虽然诸葛瞻在才华和水平上不及自己的父亲，但后来在蜀汉危急存亡的时刻，他能够挺身而出，不惜献出生命，与父亲早年的教诲是分不开的，因此也有人评价诸葛瞻"智谋虽不扶危主，忠义真堪继武侯"。

现在的孩子，物质生活非常丰富，几乎要什么父母都会竭力满足，认为获得什么都是理所当然的。久而久之，就可能会令孩子变得懒惰依赖、挥霍无度。

勤劳、节俭既是我们中华民族的优秀品德，更是一个孩子应该具备的优秀品质。从小培养孩子的这些品德，对孩子将来的人生将大有好处。

（1）鼓励孩子做一些力所能及的事

要想将孩子培养成勤奋、节俭的人，父母就要在平时多多引导孩子。在日常的生活中，多鼓励孩子自己的事情自己去做，如洗手绢、袜子等；还可以鼓励他们帮助爸爸妈妈做一些家务，如擦桌子、倒垃圾、擦地等。让孩子学着做这些力所能及的事，既能让孩子体会到劳动的价值，又能避免孩子养成懒惰、依赖的习惯。

另外，不论吃饭还是穿衣，父母都尽可能做到节俭，避免浪费，为孩子做个好榜样。如果衣服小了，也不要随意扔掉，可以教孩子把小衣服洗干净后，捐给贫困地区，不但避免了浪费，还培养了孩子的爱心。

（2）引导孩子学会花钱

孩子的消费行为是由被动行为逐渐变成主动行为的，如果父母引导得好，可以让孩子学会正确消费，养成节俭的美德。

从孩子认识钱开始，父母就可以适当教孩子怎样买东西了，比如买东西时，教孩子怎样买会更省钱，如何选择物有所值的商品，等等，避免盲目消费。

每周也可以让孩子"当一次家"，将当日家里的消费都一一记账，并和孩子讨论一下哪些物品物有所值、哪些物品属于冲动消费，引导孩子学会理财，培养节俭的好品质。

（3）正确引导孩子的攀比之心

英国人文主义者托马斯·莫尔说过："孩子有了攀比心理，就会失去正确的荣辱观，容易把精力和眼光都放在与别人不合理的攀比上，因此会走上歧路。"

孩子的攀比心往往产生于与其他人的比较之中，比如与其他孩子比吃、比穿等。为避免孩子产生这种心理，父母应积极引导孩子从社会价值而不是个人价值方面去与他人比较，让孩子与别人比一比个人在社会中做出的贡献，而不是只看到自己的好处。比如，引导孩子拿自己的学业成绩、对班级贡献的大小等方面的成绩来与其他人比较。

6

批评孩子
的艺术

　　世上没有不犯错误的孩子，父母对犯错误的孩子进行批评教育也是理所当然的。但是有些父母批评孩子时不讲究技巧，结果往往事与愿违，导致孩子产生逆反心理。批评不是目的而是手段，要让孩子通过被批评，学会辨别是非，矫正自我。如果孩子做错了事情不闻不问，那父母就有问题了，是不称职的父母。对于孩子的所作所为进行严格要求的父母才会受到人们的尊敬。

任何人都要遵守规则

——马克·吐温的自选式教育法

马克·吐温是美国著名作家，美国批判现实主义文学的奠基人，一生著作颇丰。

在教育孩子时，马克·吐温也像他写小说一样，总是用轻松、幽默的方式进行，丝毫没有冷漠和严苛。在生活中，马克·吐温和三个女儿之间的关系非常融洽，完全是一种平等、民主和互相尊重的关系。但女儿在犯错后，马克·吐温绝不姑息，肯定会给予惩罚，以便让女儿记住教训，不再犯。不过，马克·吐温的教育方法很特别。

有一次，马克·吐温一家人到郊外的农庄去度假。一切准备就绪后，大家便坐在一辆装满干草的大马车上，慢悠悠地出发了。一想到路上可以欣赏到各种美丽的风光，又可以在目的地进行各种旅游活动，一家人都开心得不得了！

可大马车从家门走出不远，不知孩子之间发生了什么事，大女儿苏西忽然动手打了妹妹克拉拉，妹妹被打得哇哇大哭起来。

马克·吐温马上让马车停下，询问出了什么事，原来姐妹俩因为争夺玩具出现了矛盾。苏西在看到妹妹哭后，也意识到了自己的错误，并主动向父母承认了错误。但按照马克·吐温的家规，苏西还是需要接受惩罚的。

马克·吐温在家规中规定，接受惩罚的一方可以自己提出受惩的方法，在经过大人同意后，便可以实施。苏西犹豫了半天，最终还是下定决心对父母说："虽然我很期待这次旅行，但因为我犯了错，为了能让我永远记住这次错误，我决定今天放弃坐干草车去郊外。我想，我会永远记住今天的错误。"

后来，马克·吐温在回忆这件事时说："并不是我让苏西这么做的，不过想起可怜的苏西失去坐干草车的机会，我现在都感到很难过——在26年后的今天。"

家教心得

能有这样一位特别的父亲，生活在这样一个温馨、民主而又有一定家教规则的家庭当中，马克·吐温的孩子真是幸运！

真正爱孩子，就一定要培养孩子的规则意识，让孩子懂得，在任何情况下，任何人都要遵守所处环境的规则。一旦犯了错，不论什么原因，都要接受惩罚。这样做不是限制孩子的自由，让孩子变得乖、听话，而是让孩子明白做人、做事都有原则的道理，从而养成正确的世界观、价值观和正确的做事准则。

不过，在为孩子制定规则和对孩子执行规则时，是需要讲究一些方法的，否则不仅可能会让孩子反感，执行效果不佳，还可能因此而影响亲子关系。

（1）与孩子一起制定规则，并设立相应的奖惩措施

在制定规则时，孩子的参与感越强，遵守规则的意愿就越大。比如，在孩子看电视这件事上，如果要制定规则，父母就应该提前与孩子进行沟通：每天什么时间可以看？每次看多久？都可以看哪些节目？等等。

为了增强孩子遵守规则的意愿，我们可以考虑和孩子订立一个积分制度。比如，如果孩子帮父母做家务了，就可获得积分；孩子取得好成绩了，也可获得积分。当积分达到一定数后，孩子就可以用积分来换玩电子产品的时间。如30积分可以玩二十分钟的电子产品，50积分可玩半小时，100积分可玩一个小时，等等。

如果孩子同意这样的规则，确定下来后，孩子不但愿意遵守，在其他方面还获得了提高，可谓一举两得。

（2）违反规则时，允许孩子自己选择受罚措施，但须经过父母的同意

这一点就是马克·吐温的家规中所规定的，当大女儿把妹妹打哭后，她就需要自己选择受罚措施，并在经过父母同意后开始实施。

这个方法非常值得我们效仿！孩子都很希望自己在某些事上拥有主动权和选择权，那么父母在这件事上不妨满足他们。当孩子犯错后，让他们自己来选择受惩罚的方法，比如帮全家人洗鞋子、一周不看电视等。有些孩子可能会"耍滑头"，选择一些对自己更"有利"的受罚措施，如不能使用家里的学习机，这时他可能就会借着"不能用学习机"的由头跑出去玩。

遇到这类情况，就需要父母来监督了。你可以在规则中规定，孩子选择的受罚措施必须经过父母的允许才能实施，如果孩子选择的受罚措施不利于他们改正错误，那么父母可以选择拒绝，且一定不能妥协。

（3）父母一定要做遵守规则的人，为孩子做好榜样

父母是孩子的第一任老师，孩子的很多行为习惯，其实都是源于对父母的模仿。有句话说"父母是原件，孩子是复印件"，颇有道理！

既然每个人都需要遵守规则，那么父母就更应该做遵守规则的人，给孩子树立榜样，这样孩子才会认可规则的公平性，在自己犯

错后，也更愿意接受惩罚、改正错误。

比如，家规中规定，晚上十点之后，家里的每个人都不能再看电视，而爸爸或妈妈却动不动就违反规定，那么孩子就会不解：为什么爸爸或妈妈可以违反规则，而我却不可以？

这样一来，孩子的规则意识就会被破坏，孩子也会慢慢轻视起各种规则来。这样的孩子走向社会后，又怎么能很好地遵守社会规则呢？

所以，身教重于言传，不论任何时候，父母都要为孩子做个好榜样！

教育孩子，适当的惩罚不可少
——斯特娜夫人的家教观

斯特娜夫人是美国著名教育家，曾以"自然教育法"为主题，结合自己教育孩子的经验和方法，形成了一套独特的"自然教育"理论，培养出了众多的优秀儿童。

斯特娜夫人有个女儿，名叫维尼弗里德，天真活泼，有时也会犯一些小错误。不过在教育女儿过程中，斯特娜夫人从来不娇纵孩子。斯特娜夫人认为，孩子犯了错，就必须让他自己学着承担过失，接受惩罚，这样才能让他记住教训，记住以后应该怎么做。

维尼有一个小布娃娃，是她最喜爱的玩具。当时维尼年纪很小，斯特娜夫人在对女儿进行品德教育时，就经常借助这个布娃娃来奖励或惩罚女儿。比如，今天女儿做了好事，不仅主动收拾了玩具，还帮妈妈擦了地，那么第二天早晨，女儿的枕头旁就会有布娃娃"放的"好吃的点心等；女儿做了错事，如故意摔坏玩具，斯特娜夫人也不会直接批评她，只不过女儿在第二天早晨起来会发现，枕头旁什么都没有。斯特娜夫人是想通过这样独特的教育方式让女儿明白，自己哪些行为是正确的，"娃娃喜欢，会给奖励"；哪些行为是错误的,"娃娃不喜欢,没有奖励"。一天,小维尼要到一个好朋友家玩,斯特娜夫人同意了,不过要求女儿必须在中午十二点半以前回来,母女俩要去看一场维尼想看很久的电影。可是,女儿却晚了十分钟才到家。

斯特娜夫人看着女儿进来,什么也没说,只是用手指了一下表,让她自己看。女儿知道迟到了,忙向妈妈道歉:"对不起妈妈,不过我只迟到了十分钟而已!"

吃完饭后,女儿就赶紧换衣服,准备跟妈妈一起去看电影。但斯特娜夫人却说:"今天因为你的迟到,看电影已经来不及了,所以我们不去了。"

维尼急得哭了起来,但为了让孩子知道迟到是不对的,斯特娜夫人只是摇摇头说:"这真遗憾。"最终也没有去看那场电影。

家教心得

"不以规矩,不能成方圆。"作为父母,我们总是对孩子有许多爱与期许,但怎样在适度地给予孩子自由的情况下,不偏不倚地执行我们的教育原则呢?这应该是很多父母都关注的问题。而斯特娜夫人的方法,显然给了我们许多启示。

孩子在成长过程中,总会出现这样那样的问题,犯错更是不可避免的，而我们的教育原则，就是让孩子从错误中主动吸取教训，从而约束自己的行为，以后不再犯。

那么，孩子怎样才能主动吸取教训，约束自己的行为呢？就是让孩子受到适当的惩罚。当然，我们这里所说的惩罚不是对孩子进行批评、责骂，甚至体罚，而是通过给孩子立规矩的方式，让孩子自己去承担违反规矩的后果，从而帮助孩子养成一些良好的行为习惯。

（1）让孩子从很小的时候就学会体验后果

斯特娜夫人在教育小维尼时，就是通过让孩子自己体验后果的方式来实现教育目的的。孩子两三岁后，便具备了一定的心理承受能力，所以有些责任完全可以让他们自己承担。

比如，孩子弄坏了玩具，那就如实地告诉他："玩具坏掉了，是你自己弄坏的，所以你再也不能玩这个玩具了。"这其实是在提醒孩子，玩具是他弄坏的，他就要自己承担后果。同时也在提醒他，如果再弄坏其他玩具，那么他可能还要承受同样的后果。

知道这样的后果后，孩子可能会哭闹一会儿，但从此他就会对自己的行为有所收敛，以后再玩玩具时，也会慢慢学会珍惜。

（2）及时宣布惩罚措施，并坚决执行

当孩子犯错后，有些父母会习惯地说"下次不许这样了"等，但这一次的惩罚没到位，孩子下次很可能会再犯。所以，不要把希望寄托在下次，最好这一次就让孩子接受惩罚，记住教训。

比如，案例中的斯特娜夫人，在女儿回家晚了后，便宣布看电影这件事作废，虽然可能匆忙地赶去电影院也能看上电影，但斯特娜夫人没有这么做，而是直接宣布"今天因为你的迟到，看电影已经来不及了，所以我们不去了"，哪怕孩子急得哭了，也绝不妥协。这样的结果就是：下次遇到同样的情况时，孩子一定不会再迟到。

可见，当孩子出了问题后，要及时向他们宣布惩罚措施，并且坚决执行，一定不要迟疑。这样，孩子"下次"才可能记住上次的教训，并为此做出改变。

（3）控制自己的情绪，不要用发火代替对孩子的惩罚

有时候，当我们发现孩子犯错后，就会很生气，继而对孩子发

火，希望孩子能记住教训。其实这样的方法并不能起到很好的教育作用。

当我们对孩子发火时，孩子就会将注意力完全放在父母的情绪上，当时他可能会感到害怕、后悔，之后也可能会有所收敛。但慢慢地他发现，自己犯错后，父母不过是一番暴怒，那么孩子就会由此断定，父母是没什么好办法"制"住他的。这样一来，孩子就会对父母的发火变得越来越没有感觉，反而是父母在孩子面前失去了权威和尊严。

所以说，在教育孩子过程中，适当的惩罚是不可少的，但发火的次数却是越少越好。只有在控制好自己的情绪，并坚决地对孩子执行规则时，教育才能够真正达到效果。

用理性的爱来引导孩子

——蒋筑英教子不比家

蒋筑英是我国著名的光学科学家，生前一直从事光学研究工作。而在教育子女方面，他也很有方法。

蒋筑英有一儿一女，他特别爱他们，平时不管工作多忙，只要回家，就会给他们讲故事。他们也都喜欢听爸爸讲故事，每次都被爸爸逗得哈哈大笑。

但是，蒋筑英家的房子很小，一家四口尚且凑合，可隔壁有一个公用的厨房，装了十多个火炉，有5个火炉靠着他家的墙。夏天还算好过，屋里热大不了出去待着，一到冬天，炉子灭了再重新生火时，煤烟直往屋里灌，一家人呛得直咳嗽、淌眼泪。每当这时，蒋筑英只好把孩子先领到外面，等烟散去了再进屋。

有一天晚上，女儿路平放学回来，又赶上满屋是烟。女儿便抱怨道："爸爸，我今天去一个同学家，人家的房子特别宽敞，烧的是煤气，又干净又暖和！哪像我们家，屋子小不说，还天天被烟呛。亏您还是个干部呢，房子却这么破！"

蒋筑英听完女儿的抱怨，知道女儿长大了，有想法了，但对一些事情的认识还不恰当，应该帮她提高认识。因此，他不但没生气，反而笑着对女儿说："孩子，心宽不怕房屋窄，少年有志不比家啊！"接着，他就和女儿坐在外面，给女儿讲起了安徒生的故事，并告诉女儿，安徒生小时候的生活特别贫困、艰难，但最终却成了大作家。所以，一个人不能选择出身，但可以选择自己的未来。家境贫寒也不是坏事，可以激励自己成就事业。

最后，蒋筑英对女儿说："你年龄还小，不要动不动就跟别人比吃、比穿，更不要跟别人比谁的爸爸官大、谁家的住房宽敞，多把精力用在学习上，比家庭、比父母不算本事，自己学习出类拔萃，有真才实学，那才算真本事呢！"

听了爸爸的话，女儿笑了起来，表示再也不跟别人比那些没用的东西了。

家教心得

当孩子产生攀比心理后，蒋筑英没有直接批评孩子，也没有给孩子讲什么大道理，而是用名人故事，理性地引导孩子规范自己的言行，教育孩子不比家，而应比学习、比本事。

在孩子成长过程中，难免会出现攀比心理，和别人比谁家房子大、谁家的车更高级、谁的爸爸官大、谁的妈妈漂亮、谁的衣服贵……有的孩子被其他孩子比下去了，回家就耍脾气，指责爸爸妈妈没本事，自己也想要更好的、要名牌。而有些父母不仅不及时制止和引导孩子的这种行为，反而为了满足孩子的虚荣心理，东挪西凑地借钱给孩子买名牌，以为这样才是真爱孩子，结果却导致孩子的攀比心越来越重。

孩子有一些攀比心理是正常的，不正常的是孩子攀比的都是一些外在物质的东西，却不是内在的品质、道德等，这种攀比对孩子的成长显然是不利的，父母一定要及时制止，并巧妙引导孩子的攀比行为。

（1）父母不要有愧疚心理，这样才能正确引导孩子

有些父母因为自身经济条件不好，一直对孩子怀有愧疚心理。一听说孩子要这要那，自己马上节衣缩食满足孩子，生怕让孩子丢脸。殊不知，这样培养的孩子不仅不能理解父母的爱，反而容易变本加厉，不知疲倦地一味索取。

要避免这种状况，父母首先不要对孩子怀有愧疚心理，而应接受自己的现状，然后引导孩子和自己一起去努力，创造自己想要的生活。虽然孩子可能会有失落感，但只要父母放下攀比之心，耐心地安抚孩子的情绪，就可以为孩子树立"只要努力，才能获得自己想要的东西"的观念。

（2）引导孩子发挥自己的独特优势

每个孩子都有自己的长处和优势，所以当孩子与其他孩子比

吃、比穿、比住时，父母不妨耐心地告诉孩子，他其实也有很多比别人优秀的地方，比如长跑跑得很快、跳舞很棒、朗诵很动听……理性地引导孩子发挥自己的优势，与别人比成绩、比内在，用独特的方式展现自己的价值。这样的攀比，要比物质上的攀比更有意义，也更能激发孩子的学习动力，规范孩子的道德言行。

（3）告诉孩子：幸福需要自己创造

有个孩子，回家后委屈地和妈妈说："妈妈，我们班今天有个同学穿了一双外国的名牌鞋子，特别好看，我也想有一双。"

这位妈妈听完后的回答，不仅显示了她的智慧和淡定，还给了孩子正确的引导和鼓舞。她先蹲下来，然后拉着孩子的手说："妈妈知道你也喜欢那样的鞋子，但你要知道，这些通过我们的努力以后都会有的。爸爸妈妈也在努力地去做，那么你也要跟我们一起努力哦！"

接着，妈妈对满脸疑惑的孩子笑着说："放心吧宝贝，只要我们一起努力，这些就都会有的！"

　　我们要给这位妈妈的做法点个赞！她既没有贬低别人，也没有指责自己的孩子虚荣心强，反而将孩子的虚荣正确地引导为一种动力，鼓励孩子去努力争取，让孩子明白：幸福是需要自己创造的，只要努力，这些东西就都会拥有。

让孩子从错误中吸取教训

——卢梭的育儿锦囊

　　卢梭是法国著名启蒙思想家、哲学家、教育家、文学家，18世纪法国大革命时期的思想先驱，启蒙运动最卓越的代表人物之一。

　　卢梭的小儿子从小就聪明可爱。有一天，卢梭和妻子带小儿子上街，在一个商店里，儿子看到很多小汽车、小娃娃等玩具，就吵着要买。

　　望着儿子企盼的目光，卢梭略微思考了一下，说："买玩具可以，但你必须先答应爸爸一个条件。"

　　儿子听说可以买玩具，管他什么条件呢，先答应了再说，于是忙回答说："好的爸爸，我都答应您！"

　　卢梭继续对儿子说："玩玩具可以开发智力，但如果你不爱惜玩具，故意将玩具摔坏或弄丢，那么爸爸就不会再给你买第二次。"

　　儿子一听，忙点头表示答应。于是，卢梭和儿子认真地拉钩，然后带着儿子到商店买了玩具。

　　儿子拿着小玩具回家后，开始几天都很爱惜，可几天后，便对玩具失去了兴趣，将玩具摔得稀巴烂。卢梭看着被儿子摔烂的玩具，并没有直接批评儿子，只是想："儿子这么不爱惜东西，一定得好好教育他一下。"

没多久，儿子又嘟囔着要玩具。卢梭妻子拗不过孩子，就想再买一个，而卢梭却对妻子说："买玩具是小事，但纵容孩子有意损坏东西，养成不爱惜东西的坏习惯就是大事。既然他自己把玩具摔烂了，那就不要再买给他！"

于是，夫妻俩都坚决不再给儿子买玩具。儿子尝到了做错事带来的苦果，从此再也不敢随便破坏东西了。

家教心得

卢梭从给儿子买玩具这件事后规定：孩子故意摔烂了玩具，就不再给他买；孩子故意弄坏衣服，就不给他换新的衣服，让他穿破的……总之，是让孩子在自己的过失所造成的后果中得到教训、受到教育。卢梭还把这一观点写入自己的教育著作中，最终形成了一条著名的教育法则，即：自然后果惩罚法。

这种教育方法强调的是"自然"，即让孩子按照自然规律去成长，做对的事情，就会收获好的结果；做错的事情，就要自己承担后果。这种教育方式也就是我们常说的"自作自受"，既体现了父母对孩子的严格要求，又让孩子体验到了自己的过失所带来的不良后果。因为不是人为的、另外给予的惩罚，所以孩子也比较能接受，并逐渐明白自己做事情的界限是什么。

要运用自然后果惩罚法来教育孩子，父母需要注意下面几个问题：

（1）一定要在保证孩子安全的前提下进行

虽然是让孩子体验自己的行为过失所造成的后果，但也要注意，这个"惩罚"一定要在保证孩子安全的情况下进行。因为惩罚的目的是让孩子从中获得教训、懂得界限，而不是为了让父母出气。如果伤害了孩子的健康，就失去了教育的真正目的。

所以，在使用自然后果惩罚法时，父母要控制好自己的情绪，更要掌握好分寸，随时注意孩子的情绪反应，适可而止，见好就收。

（2）根据孩子的性格特征区别对待

每个孩子的性格都不一样，有的孩子个性强一些，有的就脆弱一些，所以在运用这种方法时，有些"心大"的孩子可能就会对惩罚满不在乎，完全是一种无所谓的态度，说明这一方法就不适合他。

而有些孩子正好相反，对自然后果惩罚法的反应非常强烈，一旦父母采用了，孩子的心理就会受到很大刺激。这时父母就要注意观察孩子的反应，如果感觉给孩子带来了较大的伤害，可以考虑放弃这种方法，改用一般的批评教育法。

最适合自然后果惩罚法的就是那些对后果很在意，但又不会因此而感到身心受到伤害的孩子，这种方法不但会让他们记住教训，不再犯同样的错，而且能通过这一件事获得思想上的转变，弄清自己行为的界限在哪里。

（3）父母态度坚决，但也要充满爱心

运用这种方法时，不管后果是不是严重，孩子都是不太愿意接受的，有些孩子甚至因此而向父母撒泼耍赖，希望父母松口，或替自己收拾"残局"。有些父母拗不过孩子，就会向孩子妥协，结果令方法失效，让教育没有起到应有的效果。

还有些父母，觉得既然是"惩罚"，那就严厉一点，让孩子

一次记住教训，永不再犯！于是对孩子大声责骂，甚至动用暴力惩罚。这样做只是单纯地对孩子进行惩罚，并不属于自然后果惩罚法。

正确的做法应该是：父母执行时态度坚决，即使孩子撒泼耍赖，也不能妥协，但同时也要充满爱心，可以给予孩子拥抱，可以温柔地安抚孩子，但绝不松口，更不会代替孩子承担后果，即"温柔而坚定"地执行。这样孩子才是真正尝到了父母的"厉害"，最终真正地接受了教训，不敢也不会轻易再犯。

7

培养孩子的
抗挫能力

在孩子的成长过程中，必然会遇到各种挫折和失败。这些经历虽然会给孩子带来短暂的痛苦和困惑，但同时也是成长和学习的重要机会。培养孩子的抗挫折能力，对于他们形成坚韧的性格和应对未来挑战的能力至关重要。

孩子的成长需要"苦心志、劳筋骨"

——李苦禅教子凡事不怕吃苦

　　李苦禅是我国著名的画家、美术教育家。李苦禅不仅在自己的绘画艺术上取得了很高的成就，还将儿子李燕培养成了一位出色的画家。

　　李燕刚刚懂事时，经常看到父亲李苦禅在作画，就感到很好奇。父亲看他喜欢，也引导他来学着画，没想到李燕居然画得像模像样的。

　　李燕喜欢画各种小动物，十一二岁时，父亲就让他自己到动物园去写生。在动物园里，李燕经常一待就是一天，认真地观察猴子、小鹿、松鼠等的特征、动作等，然后认真地画下来。每次写生完回来，父亲顾不上让他喝口水，就赶紧"检查作业"，看看儿子今天都画了什么，有没有进步。

　　当时李燕毕竟年纪小，有时也会贪玩，这时父亲就会语重心长地对他说："要想干艺术，就得有吃苦的决心！干艺术本来就是苦差事，想养尊处优可不行。古往今来，多少有成就的艺术家都是穷苦出身，你怕苦？那是出不来成绩的！"

接着，李苦禅又跟儿子分享了自己的从艺经历："我有个从艺的'好'条件——出身苦，但我又不怕苦。年轻的时候，我每每出去画画，一画就是一整天，口袋里带上一块干粮，再向当地的老农要根大葱，就算一顿饭啦！所以，从艺的道路就像孟子说的那样'必先苦其心志，劳其筋骨，饿其体肤'，然后才能'增益其所不能'啊！"

父亲的一言一行，儿子李燕都看在眼里、听在耳里、记在心里，并最终化为实际行动。在李苦禅的悉心教导下，李燕对艺术的追求愈发坚定起来，常常不管风吹日晒，跋山涉水地坚持到野外写生，最终也取得了出色的艺术成就。

家教心得

曾经"苦"过心志、"劳"过筋骨的李苦禅，十分懂得一个人要获得成功就必须能吃苦的道理，因而在发现儿子李燕对绘画感兴趣时，便鼓励儿子不要害怕辛苦，要像那些劳苦出身的艺术家学习。因为绘画不能光坐在家里闭门造车，必须出门去观察外面广阔的世界，这样才能让自己的作品更生动、更有活力和生命力。要出门，必然就会遇到困难，辛苦也在所难免，如果吃不了这个苦、受不了这个累，是根本走不了从艺之路的。

其实不光是从艺之路要吃苦，做任何事都要有吃苦精神。现在的孩子大多是独生子女，从小娇生惯养，缺乏吃苦、抗挫的能力。这样的孩子走上社会后，是很难适应的。所以，父母应从小让孩子"苦"一下心志，"劳"一下筋骨，对孩子的成长是有益无害的！

（1）从小就让孩子明白：付出才有回报

做任何一件事，没有付出就不可能有丰厚的回报，父母应让孩子从小便懂得这个道理，这也是在培养孩子的抗挫能力。社会上有一些人，总想着不劳而获：不出去工作，又想要有钱；不想付出辛苦，又想比别人过得舒坦。世界上哪有这样的好事？之所以出现这种心理，就是因为不懂得付出才有回报的道理，继而一生过得庸庸碌碌、一事无成。

不管是画画还是学外语、做科研、攻克项目，都必须付出相应的努力，想获得的成就越大，要付出的辛苦也越多，这是永恒不变的真理。孩子只有明白了这个道理，才不会在以后的学习、生活和工作中眼高手低、只想不做。

（2）鼓励孩子做任何事都要坚持

哈佛大学教授斯皮尔格·基尔曾说："要始终相信，无论心情多么沮丧，无论人生多么艰难，一定要咬牙坚持住。阴霾总会散去，太阳也一定会重新升起，不幸的日子总会过去，而关键的关键就是要坚持、再坚持……"

坚持是一种耐力，也是一种生存的本领，是以一种顽强的精神

和毅力去做事。在从艺的路上，哪个成功的艺术家不是通过坚持而获得成就的？李苦禅也不例外，因此在教导儿子时，他也一直通过自己的言传身教让儿子明白这个道理。

　　要培养孩子的坚持精神，父母可以从生活中的一些小事着手。比如，在让孩子进行长跑训练时，孩子跑一会儿感觉累了，想放弃，这时父母就要在一旁多给孩子鼓励，为孩子加油打气，不要让孩子半途而废。当孩子坚持下来后，还要及时给予肯定和表扬，强化孩子做事坚持的行为，而孩子内心的成就感也会油然而生，从而逐渐体会到坚持的意义和价值。

坦然面对人生的考验

——霍英东在实践中磨炼孩子

霍英东是中国香港著名企业家、社会活动家，曾荣获"中华慈善奖"、中国香港"大紫荆勋章"。

多年在商海打拼，让霍英东意识到一个人的毅力、抗挫能力在社会生活中的重要性。因此，从子女很小的时候开始，他就有意识地培养孩子这方面的能力。

霍英东一直很重视孩子体魄的强健，因此专门为孩子聘请了游泳教练。可很长时间过去了，他们竟然没学会，每次下水仍然要用游泳圈！

霍英东很生气，他辞退了游泳教练，亲自教孩子游泳。孩子拿掉游泳圈不肯下水，他就把他们一个个拉下水，逼着他们自己找游泳的窍门。结果没多久，他们就都会游泳了。

这件事让霍英东受到了很大启发，也让他认定：必须让孩子到实际生活中去锻炼自己。只有经历了挫折，才能更快成长。

1968年，霍英东的有荣公司获得了文莱首都的斯里巴加湾港大型货柜码头的兴建权。霍英东经过认真思考后，认为这是锻炼儿子霍震霆的一个好机会。当时，霍震霆年仅二十二岁，刚刚从美国留学回来。

文莱位于赤道附近，常年湿热多雨，加上当时经济还十分落后，职工们到那里施工，不仅要面临许多工作和生活上的困难，霍震霆还是个没有任何工作经验的年轻人，这样能行吗？

面对大家的疑问，霍英东举了自己教孩子学游泳的事例。他说："道理都是如出一辙的。不管在什么情况下，只有大胆放手，不瞻前顾后，才能经受得住考验。否则，就会淹死的！"

于是，霍震霆带着400多人的队伍开赴文莱首都，去负责兴建码头的事项。

事实证明，霍英东的决策是正确的。霍震霆和职工们不负众望，克服了重重困难，最终胜利完工。而霍震霆和职工们勤奋工作、不畏艰苦的品质，也获得了文莱官方的高度评价。

家教心得

霍英东教育子女的特别之处，就在于他会通过社会实践来锻炼孩子的心理承受能力，磨炼孩子的意志，让孩子将自己所学的在实践中得到检验和应用。他深刻地认识到，孩子从小没有经受过什么风浪，因而各方面都需要历练。因此只要有机会，他就会让孩子好好锻炼自己，提高抗挫能力，获得人生经验。而这种教子方法，也让孩子个个都变得很出色，日后也都成为能够独当一面的企业人才。

每个人的一生都会遭遇挫折，孩子也不例外。事实上，挫折是孩子成长的必修课，没有经历过挫折的孩子，长大后也会因为不适应激烈的竞争和复杂多变的社会而深感痛苦，就像一位儿童心理专家说的那样："有十分幸福童年的人，常有不幸的成年。"所以，今天的父母也应该借鉴一下霍英东的教育方式，多让孩子到实践中去磨炼一下，让孩子从中学会坚强、学会勇敢、学会积极寻找解决问题的方法，为未来更好地适应社会、面对人生打下坚实的基础。

（1）敢于放手，给孩子充分锻炼的机会

面对孩子不敢游泳的情况，霍英东"狠心"地把他们拉下水，逼着他们学会了游泳。今天，能有多少父母做到这一点呢？

作为父母，我们爱孩子，这毋庸置疑，但与此同时，我们也要不断告诫自己：对孩子的爱一

定要理性，要做"敢于放手"的父母，这样才能让孩子有充分锻炼自我的机会，从而变得坚强、勇敢，不畏困难。

当然，在这个过程中，孩子也可能会产生难过、沮丧等情绪，父母要及时引导孩子，缓解心理压力和不良情绪。可以告诉孩子，挫折都是暂时的，很快就会过去，这就等于给了孩子希望和勇往直前的信心，让孩子更加有勇气去对抗眼前的困难。

（2）引导孩子去大胆尝试那些自己不熟悉的事物

德国著名儿童教育家舒马赫曾说："给孩子多多提供尝试机会，也是实施挫折教育的有机组成部分。孩子一旦被剥夺了尝试的机会，也就等于被剥夺了犯错误和改正错误的机会，因此也不可能迈向成功之路。"

对于孩子来说，尝试是一种学习的机会，只有在不断的尝试中，孩子才能有所发现，才能学会各种本领，学会为人处世的各种方法，增强自信心，提高能力。

当然，在尝试一些新鲜事物时，孩子也可能会遭遇失败，但这些失败也可以让孩子从中吸取教训。此时，父母可以引导孩子总结失败的教训，然后重新寻找解决问题的方法。在这个过程中，孩子的抗挫能力会逐渐增加，解决问题的能力也会逐渐提高。

（3）多为孩子提供一些自己做决定的机会

孩子总要长大，总要离开父母的怀抱，独自走向社会，拥有自己的生活。既然未来的路要自己走，那么父母就应多为孩子提供一些机会，锻炼孩子从小自己做决定的能力。

比如，孩子想参加学校的体育比赛，又不知道该参加哪几项，这时你不能说："既然拿不定主意，就一项也别参加了。"而是应该引导孩子自己权衡一下：如果参加长跑的话，虽然比较累，但可以锻炼耐力；如果参加球类运动，虽然前期训练比较辛苦，但可以锻炼身体的灵活性，还有团队合作能力等。在与孩子一起权衡好后，再把决定权让给孩子，让他选择自己最擅长的项目。这就既帮孩子解决了难题，又提高了孩子自主决策的能力。

当孩子从小培养起这种能力后，日后走向社会，不管遇到什么事，都会学着去权衡利弊，最后做出最佳的决定。

遇到困难，鼓励孩子不放弃

——傅抱石教子坚持

傅抱石是我国近现代著名画家、书法家，有多部绘画作品传世，极其珍贵。

傅抱石不仅在艺术上成绩斐然，在教育子女方面也堪称楷模。傅抱石共有六个子女，都是当今画坛中的佼佼者。说起傅抱石的家教，后人认为，那是从灵魂中生发开来，然后一点一滴地渗入孩子心灵的教育。在家里，孩子可以尽情地讨论艺术、讨论绘画。家里来客人时，大家谈论的也都是哲学、艺术、人生等话题，至于那些家长里短、人我是非，是从不谈论的。这些都在无形中影响和熏陶了孩子的人生观和价值观。

傅抱石的大儿子名叫傅小石，从小聪颖过人，在绘画方面很有天赋，后来顺利考入中央美术学院学习。然而还没等走出校门，傅小石就横遭厄运。这也给傅小石带来了沉重的打击，让他一度消沉，不再作画。

傅抱石了解自己的儿子，知道儿子绝不会做不对的事，但在当时，他也无能为力。他只能鼓励儿子："记住，不管到了什么时候，遇到什么困难，画画都是不能放弃的！"

在父亲的鼓励下，傅小石又重新拿起画笔，同时也坚定了继续绘画的决心。从那后，他白天勤恳地劳动，晚上便常常通宵达旦地作画，并且阅读了大量书籍，还出版了几部美术专著。

命运对傅小石似乎一直都不太公平，后来他又遭遇车祸、疾病，甚至半身偏瘫。即便如此，想起父亲的教诲，傅小石仍然没有自暴自弃，而是锻炼用左手画画写字。当傅小石的"左笔画"在中国香港展出时，人们都不敢相信，这样精彩的画作，竟然出自一位残疾人之手。

家教心得

傅抱石在教子过程中，不仅注重通过日常的言行影响和熏陶子女，帮助子女树立积极、正向的人生观和价值观，同时在孩子遇到困难时，还积极鼓励孩子不要放弃，要坚持自己的梦想。在这种家教的感染下，孩子既形成了高尚的人格，又养成了不畏挫折、敢于战胜困难的坚定意志。

从小到大，每个人的人生路上都会遇到困难，而适度的困难不仅没有坏处，反而还可以磨炼孩子的意志，提高孩子的抗挫能力。英国哲学家培根就曾说过："超越自然的奇迹，多是在对逆境的征服中出现的。"可见，从小就培养孩子的抗挫能力、战胜困难的决心，是十分重要的。

（1）鼓励孩子面对挫折不退缩

傅小石的成功，一部分得益于自己的绘画天赋，更重要的一部分是得益于父亲傅抱石对他的鼓励和教导。

孩子的意志力和自信心总是不够的，只有不断获得鼓励，才能在遇到困难时逐渐淡化和改变受挫意识，获得自信心。所以，当孩子遭遇困难时，父母应多给予孩子鼓励和支持，鼓励孩子不要被挫折打败，而应勇敢地迎击挫折、战胜自我，从而提高孩子继续尝试的勇气和信心。

当然，如果孩子在克服困难的过程中几经失败，父母也要根据实际情况给予恰当的引导。比如，帮孩子分析遭受挫折的原因，找出失败的症结所在，然后引导孩子突破困难，走出困境；并让孩子体会到，挫折本身并不可怕，最重要的是勇敢面对。孩子在父母的这种引导下，也能忍受暂时的焦虑和不安，加强对困境和压力的容忍力，并有信心和力量去克服困难。

（2）跟孩子分享自己的遭遇与感受

孩子遇到困难时，内心的沮丧和焦虑可想而知，父母除了安慰和鼓励孩子之外，也可以跟孩子分享一下自己曾经的一些类似遭遇与感受，以及自己是如何调整情绪、重新出发的。

有些时候，孩子需要的也许并不是父母实打实的帮助，而是父母的理解和共情。当你耐心地与孩子分享自己的遭遇、感受及调整方法时，孩子就会从父母身上获得一种情感的满足和战胜困难的力量，从而产生战胜挫折的勇气。

孩子需要挫折的锤炼

——杰奎琳的人格锤炼教子法

杰奎琳是美国第35任总统约翰·肯尼迪的夫人，曾被称为美国人心目中最美的"第一夫人"。

杰奎琳与肯尼迪有一儿一女，儿子被人们称为小约翰。在小约翰三岁时，肯尼迪总统不幸遇刺身亡，此后教育子女的任务便落到杰奎琳一个人的肩上。

肯尼迪死后，杰奎琳带着一对儿女从华盛顿搬到纽约居住，此后两个孩子便在那里上学读书。也许是过早失去父亲的原因，小约翰从小便很自卑、胆小，做事情也优柔寡断，很依赖母亲。杰奎琳觉得儿子这样的个性以后实在难以在社会上立足，就决定好好"锤炼"他一下。

小约翰刚刚十一岁，杰奎琳就"狠心"地把他送到英国的德雷克岛，那里有一个"勇敢者营地"，专门训练一些人掌握特殊的本领。虽然一开始小约翰哭闹着不肯离开妈妈，但杰奎琳丝毫没有心软，还是坚决把儿子送到了那里。

不用说，小约翰在那里吃了不少苦，但同时他也学会了爬山、

驾驶帆船等勇敢者的技能，既锻炼了胆量，又增强了意志力。

两年后，杰奎琳又将小约翰送到缅因州的一个孤岛上，让儿子在那里学习独立生活。这次训练一共二十天，而小约翰随身携带的东西只有一加仑水［1加仑（美）≈3.785升］、两盒火柴和一本野外生存的书。但二十天后，小约翰顺利完成了任务。

此后的几年中，杰奎琳又把小约翰送到肯尼亚的荒岛之中，继续锻炼他的野外生存能力。为了增强儿子独当一面的能力，她还把儿子送到危地马拉，让小约翰参加地震救灾的工作……

经过几年的艰苦锤炼，小约翰由原来那个懦弱、依赖的小男孩，成长为一个自信、勇敢、意志坚定的热血青年。

家教心得

哪怕是美国的"第一夫人"，对子女也毫不娇惯，甚至创造机会让孩子去经受挫折，锤炼意志。自然，杰奎琳的这种人格锤炼教子法也收到了效果，小约翰成年后非常出色。

即使放在今天，很多孩子也吃不了像小约翰当年所吃的苦，当然也都害怕吃苦。而与此相应的，父母又把孩子看成未来的希望，在孩子成长过程中，父母宁可自己多吃苦，也不愿让孩子吃苦，甚至会想当然地认为，孩子长大后，自然就能具备坚强、勇敢、自立等精神品质了，现在只要学习好就行。可父母为什么不想一下：孩子现在连洗袜子、洗衣服都不会，一切都依靠父母，未来又怎么能独立面对困难、承担责任呢？

孩子的成长需要挫折的锤炼，只有经历过吃苦、经历过挫折，才能培养出坚强的毅力和精神，就像俄国作家屠格涅夫说的那样："你想成为幸福的人吗？那么首先要学会吃苦。能吃苦的人，一切不幸都可以忍受，天下没有跳不出的困境。"所以，如果父母真正希望孩子在未来获得幸福，现在就应该像杰奎琳那样，舍得让孩子去吃点苦，"锤炼"一下人格和意志。

（1）父母要坚定自己的立场

小约翰被母亲送到英国德雷克岛接受艰苦的训练，自然是极其不情愿的，但杰奎琳并没有因此而心软，而是坚定地将孩子送了过去。

可见，作为父母，如果想对孩子进行有效的挫折训练，就必须坚定自己的立场，不能因为孩子哭闹就心软、妥协。只有父母能够坚定自己的立场，孩子才能离开父母的庇护，去接受"锤炼"自己的考验。

当然，在坚定立场时，父母也要注意自己的态度，尽量做到态度和蔼，语气平和、坚定，切不可恐吓、训斥孩子，伤了孩子的心。

（2）从"管"孩子向"放"孩子转变

开明的父母对孩子大多都持"放"的教育态度。在他们看来，孩子就应该有独立的人格和自强的品格，父母应该鼓励孩子去勇敢地探索，而不是把孩子关在家里管教。

相反，保守的父母最喜欢"管"孩子，认为父母管孩子、照顾孩子是天职。让孩子出去勇敢探索，那怎么行？多危险啊！那是万万不可的！结果，孩子都成了温室里的花朵，一点风吹雨打也经不起！这样的孩子日后走向社会，又怎么能独当一面呢？

为此，我们不妨学学开明的父母，将自己的教育观念从"管"孩子向"放"孩子转变一下。主动让孩子去吃苦，让孩子经历挫折。

（3）及时排解孩子的心理压力

虽然我们一直强调应该让孩子经受点挫折、吃点苦，但孩子的年龄毕竟较小，心理承受能力不够强大，遇到困难产生心理压力也很正常。这时，父母要及时帮孩子排解心理压力，消除孩子的消极情绪，让孩子明白，眼前的困难都是暂时的，只要坚持，风雨过后总有彩虹。也可以跟孩子分享一下自己的一些吃苦经历，与孩子共情，让孩子感觉自己是被理解的，而且也能从父母的经历中获得鼓舞和动力，为最终战胜困难而继续努力。